기도는 인간 이성이 하는 일 가운데
가장 신성한 것이며 가장 수준 높은 지성이 인정하는 바이다.
기도는 특권이며 왕자의 권리이다.
동시에 가장 구속력 있고 가장 명령적인 책임이자 의무이다.
이 기도를 통해 모든 좋은 것이
하나님으로부터 인간에게 흘러 들어온다.

기도는 하나님이 인간의 부족함을 채워 주시는 통로다.
기도는 인간의 공허를 하나님의 충만함으로 데워 준다.
기도는 인간의 나약함을 밀어내고 하나님의 능력으로 충일하게 한다.
기도는 인간의 왜소함을 몰아내고 하나님의 위대함으로 대치한다.
기도는 인간의 크고 지속적인 필요를
하나님의 크고 지속적인 풍요로움으로 채워 주시는
하나님의 계획이다.

E. M. 바운즈 기도 시리즈 2

기도의 진실
The Reality of Prayer

생명의말씀사

THE REALITY OF PRAYER
by E. M. Bounds

Korean Edition published by Word of Life Press, Seoul
ⓒ 1982, 2005, 2008.
all rights reserved.
Printed in Korea.

기도의 진실

ⓒ 생명의말씀사 1982, 2005, 2008

1982년 10월 30일 1판 1쇄 발행
2002년 1월 25일   22쇄 발행
2005년 1월 15일 2판 1쇄 발행
2008년 4월 15일   4쇄 발행
2008년 6월 25일 3판 1쇄 발행
2023년 5월 2일   7쇄 발행

펴낸이 | 김창영
펴낸곳 | 생명의말씀사

등록 | 1962. 1. 10. No.300-1962-1
주소 | 서울시 종로구 경희궁1길 6 (03176)
전화 | 02)738-6555(본사) · 02)3159-7979(영업)
팩스 | 02)739-3824(본사) · 080-022-8585(영업)

기획편집 | 태현주
디자인 | 박소정, 염혜란, 전민정
인쇄 | 주손디앤피
제본 | 주손디앤피

ISBN 978-89-04-15761-7 (04230)
ISBN 89-04-00101-3 (세트)

저작권자의 허락없이 이 책의 일부 또는 전체를
무단 복제, 전재, 발췌하면 저작권법에 의해 처벌을 받습니다.

기도의 진실

The Reality of Prayer

| 편집자의 글 |

기도의 용사들을 이 땅에 일으키소서

화려한 학력도 경력도 없었다. 청중을 휘어잡는 사자후도 없었다. 대형 교회를 담임한 적도 없었다. 대중이 사모하는 큰 능력도 없었다. 그저 조용하게 살았다. 눈에 띄지 않은 성장기를 거쳤고 보통 크기의 교회에서 평범한 목회를 해왔다. 이제는 많은 사람들처럼 세월의 힘 아래 나약하기만 한 육신에 버거워하고 있다.

그러나 아는 사람들은 그를 생각하는 것만으로도 힘을 얻는다. 강한 사람이어서가 아니다. 오히려 자신의 약함을 누구보다도 뼈저리게 실감한 사람이었다. 부목사 시절 자신의 능력 없음이 부끄러워 남몰래 산기도 갔다가 기도는커녕 밤새 벌벌 떨다가 내려왔음을 고백하는 그였다. 이 연약한 사람에게 무슨 매력이 있는 것일까? 성공학적으로는 별로 없다고 해야 할 것이다.

단, 한 가지가 약간 다르다. 수시로 사정없이 무릎을 꿇는다. 무릎 고장이 걱정될 정도로……. 그리고 움직이지 않는다. 간간이 신음 소리 같은 독자들의 사랑을 받아 온 『기도의 능력』을 시작으로, E. M. 바운즈 시리즈를 새롭게 번역하는 일을 시작했다. 특별히 『기도의 능력』은 1953년 생명의말씀사가 창립된 직후 출판한 책이라서 더 의미가 있기도 했고, 개인적으로는 앞서 소개한 은사가 간곡하게 권하던 책들 가운데 첫 권이라 더 관심이 깊기도 했다.

그러나 100년이 다 된 원문을 놓고 번역문을 다듬는 일은 결코 녹록한 일이 아니었다. 게다가 다루고 있는 내용이 단순한 이론이 아니라 하나님 앞에서의 우리의 자세를 다루는 것이고, 저자의 깊은 체험과 묵상 가운데서 나온 것이기에 수시로 마음에 찔림을 받았다.

"사람은 방법을 찾지만 하나님은 사람을 찾으신다."
"기도 없는 설교는 죽이는 설교다."

문자 그대로 촌철살인의 지적이었다. 그래서 몇 줄도 못가서 나는 벌거벗은 모습으로 드러났고, 떨리는 마음으로 무릎을 꿇고 하나님 앞에 회

개의 기도를 해야 했다. 이런 일이 수시로 일어났다. 그리하여 마침내는 일로 여기지 않고 하나님 앞에 서는 시간으로 삼아 매일 조금씩 묵상하며 번역을 진행했고, 거의 1년여 만에 첫 권의 수정 작업을 마치게 되었다.

E. M. 바운즈의 책들은 그냥 한가롭게 읽을 수 있는 책이 아니다. 혹시 그렇게 시작했더라도 강력하게 다가오는 하나님의 임재의 느낌에 두려워 떨며 무릎을 꿇지 않을 수 없게 하는 책이다. 그러므로 확신하건대 누구든 읽고 난 후에는 결코 전과 같은 사람이 될 수 없을 것이다.

이 시대가 요구하는 사람은 능력 있는 사람이다. 사람에게서 나온 능력이 아니라 위로부터, 하나님으로부터 온 능력으로 옷입은 사람이다. 이 시대는, 우리 교회는 간절히 그런 사람을 찾고 있다.

이제 무기력증에 빠진 영혼들과 교회를 하나님 앞으로 돌려세우는 강력한 도구가 되기를 간절히 바라며 이 소중한 책을 내놓는다.

하나님이여, 하나님이 들어 쓰시는 기도의 용사들을 이 땅에 일으키소서!

| 들어가는 글 |

기도의 사람, E. M. 바운즈

에드워드 맥켄드리 바운즈는 1835년 8월 15일에 토머스 바운즈와 헤스터 바운즈 사이에서 태어났다. 그의 이름은 미주리 지역에 감리교를 정착시키는 데 주요한 역할을 한 감리교 목사 윌리엄 맥켄드리의 이름을 본땄으리라 추정된다.

1840년대 초, 세상적으로 볼 때 유복했던 토머스 바운즈는 10살도 채 안 된 딸을 잃는 슬픔을 당하고, 자신도 1849년에 숨지게 된다. 아버지가 죽었을 때 에드워드는 14세였다.

아버지가 카운터 의회 서기로 직무했었기에 법정의 일을 계속해서 접할 수 있었으므로, 그는 법률에 관련된 일에 관심을 가지게 되었다. 당시에는 대학 교육을 받지 않고서도 법률가의 자격을 얻거나 법률에 관련된 일에 종사할 수 있었다. 변호사 지망생들은 정식 변호사 밑에서 일하며 법률 서적을 읽고 판례들을 외운 후 변호사 자격시험에 응시했다. 1854년 6월 9일, 19세의 생일을 맞이하기 두 달 전에 에드워드는 합격했다.

그 후로 5년 동안 E. M. 바운즈는 쉘비빌에서 법률활동을 성공적으로 수행해 나갔다. 그러나 갑작스레 하나님을 충만하게 경험하게 된 이후, 바운즈는 법률사무소의 간판을 내리고 문을 닫았다. 그리고 나서 성경과 신학에 깊이 몰두하기 시작했다.

그는 성경을 여러 차례 읽었으며, 존 웨슬리의 설교집을 탐독했다. 특히 데이비드 브레이너드의 생애를 기록한 조나단 에드워즈의 책과 존 플레처의 생애를 기록한 책에 많은 영향을 받았다. 그는 1860년 2월 목사로 임명받은 후, 브룬즈위크의 교회로 파송되었다.

1860년, 노예제도로 인해 들끓게 된 지역적인 긴장감이 미주리주에도 덮쳐왔다. E. M. 바운즈는 동맹군의 군목이 되었다. 바운즈 목사는 그리 큰 키는 아니었지만 용기는 대단했다. 그는 병사들을 사랑했고 그들과 더불어 행진했으며 전장에서 꽁무니를 빼는 일은 없었기에 병사들은 그를 깊이 존경했다. 그는 이후 포로로 잡혔다가 풀려나, 전쟁 때 처절하게 패했던 장소인 테네시주 프랭클린으로 돌아왔다.

1869년 초, 바운즈는 앨라배마 중부에 있는 셀마 지역 교회로 부르심을 받았다. 그리고 그곳에서 에마 엘리자베스 바네트를 만난다. 바운즈는 1874년 미주리주의 세인트루이스에 있는 남부 성 바울 감리교회를 맡게 되었는데, 서로에 대한 감정이 이때 분명해져서 1876년 9월 두 사람은 결혼하였다.

바운즈는 성 바울교회에서 1883년까지 충실하게 사역하였다. 그리고 이 해에 세인트루이스 총회 공식 신문인 『세인트루이스』지의 편집장이 되었다. 1884년에는 두 딸에 이어 아들 에드워드가 태어났다. 그러나 평화는 지속되지 않았다. 에마가 심하게 앓다가 1886년 49세의 나이로 생을 마친 것이다.

에마가 죽고 난 뒤 1년 9개월 후, 바운즈는 임종시 에마와 한 약속을 지켜 1887년 10월 25일 에마의 사촌인 해리어트 엘리자베스 바네트와 결혼하였다. 22년이나 나이 차가 났지만 두 사람은 서로에게 헌신적이었고 네 자녀와 함께 기쁨을 누렸다.

그리고 바운즈는 내쉬빌 『크리스천 정론』지의 부국장에 추대되었다. 이는 남부 감리교회 전체를 대변하는 공식 신문이었다. 그런데 또 다시 슬픔이 찾아왔다. 두 아들을 갑자기 잃게 된 것이다. 이처럼 5년이라는 기간 동안에 첫 부인과 두 아들을 땅에 묻어야 했던 고통에도 불구하고 바운즈는 하나님의 사랑을 확신하였다.

1894년 바운즈는 아내와 4남매(두 아들 에드워드와 찰스를 잃은 후, 오즈본 스톤과 엘리자베스가 태어났다)를 데리고 내쉬빌을 떠나 조지아주 워싱턴에 있는 바네트가에 들어갔다. 그는 이때부터 중보기도와 집필, 순회 부흥사역을 감당하다가 1913년에 세상을 떠났다.

그의 살아생전 두 권의 책이 출판되었는데, 『설교자와 기도』(이후 『기도의 능력』으로 바뀜)와 『부활』이 바로 그것이다. 그가 죽고 난 후 바운즈의 제자라 할 수 있는 호머 핫지가 바운즈의 친구인 클로드 칠턴의 도움을 받아 나머지 9권의 책의 출간을 맡았다. 호머 핫지는 E. M. 바운즈를 처음 만났을 때의 충격을 이렇게 말했다.

"그는 날이 밝기도 전에 기도를 시작했다. 나는 다른 사람들을 깨우지 않기 위해 그가 곧 기도를 끝낼 거라고 생각했다. 그러나 그는 조용히 흐느끼면서 나와 나의 무관심과 모든 하나님의 사역자들을 위해 몇 시간 동안 기도했다. 그는 다음날 기도에 대해 설교했다. 나는 막 사역에 입문했었고, 사도시대의 사도들처럼 기도하는 하나님의 사람을 만나고 싶어 했기에 점점 관심을 가지게 되었다. 다음날 아침에도 그는 기도했고, 집회 동안 하루도 빠지지 않고 몇 시간씩 기도했다. 나는 강하게 영향을 받았고 그를 보내주신 하나님께 감사했다. 마침내 나는 진정한 기도의 사람을 찾은 것이다."

편집자의 글 | 6
들어가는 글 | 10

Part 1. 기도에 관한 진실

1. 기도는 왕자의 권리다 · 22
기도란 무엇인가 | 기도에 대한 하나님의 뜻 | 놀라운 기도, 놀라운 응답 | 기도는 특권이요 의무다

2. 기도는 가난함을 풍부하심으로 채우는 힘이다 · 32
복음의 기초에 새겨진 기도 | 기도는 진정한 일 | 인간이 할 수 있는 가장 신성한 일 | 하나님을 보는 눈 | 섬기는 일을 하기 위하여

3. 기도는 예배의 가장 중요한 요소다 · 43
생명의 호흡 | 기도하시는 그리스도 | 세 소경 이야기

4. 기도는 인간이 할 수 있는 하나님의 일이다 · 50
하나님의 일 | 하나님의 약속과 기도 | 응답받는 기도 | 기도가 없으면 | 관계를 토대로 한 기도 | 하나님의 관심사 | 내 기도가 주께 이르렀사오며

것을 내지만 입술의 움직임을 살피지 않으면 졸고 있다고 오해할 정도다. 그가 늘 가까이하던 것은 너덜너덜 해진 가죽 성경이었다. 가끔씩 만나 교제를 할 때면 자신의 연약함을, 부끄러움을 고백한다. 그러면서 기도를 부탁한다. 그리고 그의 부탁을 들은 이가 그 요청에 부응하든 아니하든 그는 기도한다. 기도하고 기도하고 또 기도한다.

그 한결같음이, 그 순전함이 때로는 눈물겹기까지 한 그에게는 그 낡은 성경책만큼이나 소중한 책이 있다. 조용조용한 말투로 그러나 거역할 수 없는 권능으로 일독을 권고하는 책이 있다. 그것은 바로 기도의 사람, E. M. 바운즈의 책들이다.

독자의 사랑을 받는 책은 저절로 만들어지는 것이 아니다. 혹시 우연한 기회를 타서 사랑을 받더라도 그 사랑을 유지하기 위해 끝없이 노력해야 한다. 이런 생각으로 1954년 처음 출간된 이래 반세기 동안 수많은

Part 2. 예수님과 기도

5. 예수님은 기도의 교사다 · 70

신령한 기도의 교사 | 믿고 구한 것은 무엇이든지 | 산상수훈의 기도 | 심령이 가난한 자와 기도 | 그리스도의 기도의 법 | 기도를 가르쳐 주옵소서 | 기도할 때에 이렇게 하라 | 믿음과 기도와 능력 | 기도와 영적 추수 | 열매 없는 자는 기도할 수 없다 | 내 이름으로 무엇이든지 구하면 | 포도나무의 생명이 가지에 흘러 들어가듯이

6. 예수님은 기도의 본을 보여 주셨다 · 96

기도로 이루어진 생애 | 예수도 기도하실 때에 | 예수를 닮는다는 것은 | 단순한 기도, 확신의 기도 | 진지한 기도 | 기도의 도범

7. 예수님은 이렇게 기도하셨다 · 109

기도, 그리고 아버지의 뜻 | 가장 뛰어나게 기도하는 사람 | 마음의 문제 | 실천하는 기도 | 나사로의 무덤 앞에서 | 기도로 채워지는 요람 | 이 반석 위에 교회를 세우리니 | 하늘의 방문객을 부르는 기도 | 괴로운 한 잔

8. 예수님의 기도 모델 1 주기도문 · 128

기도의 모델 | 예수님이 가르쳐 주신 기도

9. 예수님의 기도 모델 2 제사장적 기도 · 134

내가 저희를 위하여 비옵나니 | 그 이름의 능력으로 | 아버지의 날개 아래 | 세상과의 결별 | 하나님의 백성의 하나 됨 | 완전한 경건

10. 예수님의 기도 모델 3 겟세마네 기도 · 146

입술에 닿은 가장 쓴 잔 | 잠들어 버린 파수꾼 | 아버지의 원대로 되기를 원하나이다 | 겸손한 간구 | 지나칠 수 없는 잔 | 하나님의 계획과 수행

Part 3. 성령과 기도

11. 성령 없는 기도는 헛되다 · 164

성령이 없이는 | 기도와 성령의 임하심 | 우리 안에 계신 하나님의 능력 | 구하라, 찾으라, 두드리라

12. 성령은 기도를 돕는다 · 176

기도의 조력자 | 하나님의 뜻대로 | 성령의 중보 | 성령 안에서 기도하라 | 기도의 보다 귀한 교훈을 위하여

13. 성령은 대언자요 조력자다 · 188

하나님의 풍성한 배려 | 기도의 가능성 | 항상 성령 안에서 기도함으로

14. 기도가 성령 시대의 문을 열었다 · 194

전혀 기도에 힘쓰니라 | 황금 사슬 | 생수의 강

Part 1. 기도에 관한 진실

The Reality of Prayer

1

기도는 왕자의 권리다

나는 하루살이 피조물로 내 인생은 공중을 날아가는 화살처럼 스쳐간다. 나는 하나님에게서 왔다가 하나님께로 돌아가는 영혼이다. 거대한 골짜기를 맴돌다가 한순간에 시야에서 사라져, 변하지 않는 영원으로 떨어져 버리는 존재이다! 나는 한 가지 일, 천국에 이르는 길, 저 행복한 피안에 안착하는 길을 알기 원한다. 그분은 그 길을 가르치시기 위하여 친히 낮아지셨다. 이 목적을 위해 하늘에서 오신 것이다. 그분은 그 길을 한 책에 기록해 놓으셨다. 오, 그 책을 내게 주옵소서! 어떤 값이든지 그 하나님의 책을 내게 주옵소서! 주님, 주께서 이런 말씀을 하시지 아니하셨습니까? "누구든지 지혜가 부족하거든 모든 사람에게 후히 주시고 꾸짖지 아니하시는 하나님께 구하라." 또 주님은 "사람이 주의 뜻을 행하려 하면 그 뜻을 알게 될 것이다."라고 하셨습니다. 저는 하나님의 뜻을 행하기 원하오니 주의 뜻을 알게 하소서. _존 웨슬리

기도란 무엇인가

"기도"란 말은 하나님께 나아가는 것을 가장 폭넓게 가장 포괄적으로 나타내는 말이다. 기도는 경건의 요소에 중요성을 부여하는 말이다. 기도는 하나님과의 교제이며 대화이다. 기도는 하나님을 기뻐하는 것이다. 기도는 하나님께 접근하는 것이다.

"간구"는 좀 더 제한적이고 집중적인 형태의 기도로, 개인적인 필요를 느꼈을 때 하는 것이며, 긴박한 필요를 위해 긴급하게 공급해 주실 것을 구하는 일에 제한된다. "간구"는 심히 필요로 하는 것과 절실히

느끼는 필요를 위해 간청하는 기도의 핵심이다.

"중보"는 기도가 확장된 것으로, 자신에게서 다른 사람에게로 범위를 넓히는 것을 말한다. 본래 중보는 다른 사람을 위해 기도하는 것이 그 핵심은 아니고, 자유함과 담대함과 어린아이 같은 신뢰를 가리킨다. 중보는 하나님께 나아가는 그 사람이 하나님에 대한 신뢰의 영향력이 충만하여 하나님께 나아가는 일과 구하는 일에 제한이 없고 주저함이 없는 것을 말한다. 이러한 영향력과 신뢰는 다른 사람을 위하여 사용되어야 한다.

기도는 언제 어디서나 하나님 아버지께 즉각적으로 그리고 신뢰하는 마음으로 나아가는 것이요 요구하는 것이다. 모든 기도의 모범이 되는 기도에서 "하늘에 계신 우리 아버지"라고 하였다. 나사로의 무덤 앞에서 예수님은 눈을 들어 "아버지" 하고 부르셨다. 또 예수님은 그의 제사장적 기도에서 눈을 들어 "아버지여"라그 하셨다. 예수님의 모든 기도는 개인적이고 친근하고 아버지께 하는 기도였다. 또한 그의 기도는 강력하고 감동적이고, 눈물을 흘리는 기도였다. 바울은 예수님에 관하여 "그는 육체에 계실 때에 자기를 죽음에서 능히 구원하실 이에게 심한 통곡과 눈물로 간구와 소원을 올렸고 그의 경외하심을 인하여 들으심을 얻었느니라"히 5:7고 하였다.

다른 곳에서도 "구하는 것"을 기도라고 한 것을 볼 수 있다. "너희 중에 누구든지 지혜가 부족하거든 모든 사람에게 후히 주시고 꾸짖지 아니하시는 하나님께 구하라 그리하면 주시리라"약 1:5.

"하나님께 구하고" 하나님께 "받는 것", 그것이 기도이다. 즉 하나님께 직접 구하는 것, 하나님과 직접 연결되는 것이 기도인 것이다.

요한일서 5:14-15에서 우리는 기도에 대한 이런 언급을 볼 수 있다.

"그를 향하여 우리의 가진 바 담대한 것이 이것이니 그의 뜻대로 무엇을 구하면 들으심이라 우리가 무엇이든지 구하는 바를 들으시는 줄을 안즉 우리가 그에게 구한 그것을 얻은 줄을 또한 아느니라."

빌립보서 4:6에서도 기도에 대하여 다음과 같이 말하고 있다.

"아무것도 염려하지 말고 오직 모든 일에 기도와 간구로 너희 구할 것을 감사함으로 하나님께 아뢰라."

기도에 대한 하나님의 뜻

기도에 대한 하나님의 뜻은 무엇인가?

첫째, 우리가 기도하는 그것이 하나님의 뜻이다. 예수님도 "항상 기도하고 낙망치 말아야 될 것을 저희에게 비유로" 말씀하셨다.

바울은 젊은 디모데에게 하나님의 백성이 해야 할 첫 번째 일에 관하여 쓰면서, 첫 번째 일들 가운데 첫 번째가 기도라고 하였다.

"그러므로 내가 첫째로 권하노니 모든 사람을 위하여 간구와 기도와 도고와 감사를 하되"딤전 2:1.

이 말씀과 관련하여 바울은 하나님의 뜻과 모든 사람의 구속 및 그들을 위한 예수 그리스도의 중보는 이 기도와 깊은 관계가 있다고 말한다. 여기서 바울의 사도적 권위와 그의 영혼의 갈망이 하나님의 뜻 및 그리스도의 중보와 연합하여 "각처에서 남자들이 기도하기를 원하노라"라고 말한다.

신약 성경에서 얼마나 자주 기도를 말하는지 살펴보자. "기도에 항상 힘쓰며", "쉬지 말고 기도하라", "기도를 항상 힘쓰고 감사함으로 깨어 있으라." 그리스도의 경고도 "깨어 기도하라"는 것이었다.

이 모든 것들은 우리가 기도하는 것이 하나님의 뜻이라는 것 외에 무엇을 의미하겠는가? 기도는 하나님의 뜻을 수행하는 것이며, 하나님의 뜻을 효과 있게 하며, 하나님의 뜻에 협동하는 것이다. 하나님의 주권은 예수 그리스도의 구속의 능력과 함께 나타나며 또한 그 구속을 확대시키는 것으로 나타난다. 예수님은 영원한 영을 통하여 또한 하나님의 은혜로 "모든 사람을 위하여 죽음을 맛보셨다." 우리도 영원한 영을 통하여 하나님의 은혜로 모든 사람을 위하여 기도한다.

그러나 내가 하나님의 뜻을 따라서 기도하는지 어떻게 아는가? 기도하려는 진실한 노력은 모두 하나님의 뜻에 응답하는 것이다. 인간

선생들에 의해서 그것이 오도되고 서투르게 될 수는 있겠지만, 그것은 하나님의 뜻에 순종하는 것이기 때문에 하나님께서 받으실 만한 것이다. 만일 내가 기도하라고 명하시는 하나님의 영의 감동에 나 자신을 드린다면 그 기도의 내용과 간구는 기도해야 한다고 명하신 하나님의 뜻에 맞아떨어지는 것이다.

기도는 작은 일도, 이기적인 것도, 가볍게 다룰 문제도 아니다. 그것은 한 개인의 사소한 관심사에 관한 것이 아니다. 아무리 작은 기도라도 하나님의 뜻에 의해 확장되어 결국은 모든 말에 이르고 모든 관심을 보살피며 인간 최대의 부를 증진하고 나아가 하나님의 가장 큰 선을 이룬다. 하나님은 사람이 기도하기를 심히 바라시기에 기도에 응답하겠다고 약속하셨다. 우리가 기도하면 일반적인 일을 하시겠다고 약속하신 것이 아니라, 우리가 기도하는 바로 그것을 이루어 주신다고 약속하셨다.

놀라운 기도, 놀라운 응답

기도의 핵심적 특징에 대한 예수님의 가르침에 의하면 기도는 삶의 모든 관계에 관련된다. 기도는 형제 우애를 거룩하게 한다. 유대인들에게 있어 제단은 기도의 장소요 상징이다. 유대인들은 제단을 하나님을 예배하는 데 드렸다. 예수 그리스도는 기도의 제단을 취하여 형제 관계를 존중하는 데까지 적용시키셨다. 그리스도께서 그 제단을 얼마나 정결케 하시고 확대시키셨는가! 그는 제단을 단지 하나의 의식 수행 장소에서 확대하여 단순히 기도하는 행위뿐만 아니라 인간을 향해 우리로 행동하게 하는 정신까지 있음을 확인시키셨다. 사람을 향한 우리의 마음은 기도생활에서 나오는 것이다. 하나님과 화평하려면 먼저 사람들과 화평을 유지해야 하며 가능하다면 그들로 우리와 화평하도록 해야 한다. 인간과의 화목은 하나님과의 화목에 선행하는 것이다. 우리의 심령과 말은 하나님을 포용하기 전에 사람을 포용해야 한다. 형제와의 연합이 하나님과의 연합 이전에 이루어져야 한다.

"그러므로 예물을 제단에 드리다가 거기서 네 형제에게 원망들을 만한 일이 있는 줄 생각나거든" 마 5:23.

기도하지 않는 것은 불법이며 불화이며 무질서이다. 하나님의 도덕적 통치 안에서의 기도는 자연계의 중력 법칙처럼 강하고 어디에나 작용한다. 그리고 사물을 제자리에 있게 하기 위해 중력이 필요한 것처럼 필요한 것이다.

산상수훈에서 기도가 차지하는 부분은 그리스도가 기도를 얼마나 높이 평가하고 있는가를 말해 주며, 동시에 그리스도의 체계 안에서 그것이 차지하는 중요성을 말해 준다. 많은 중요한 원리들이 한 두 구절로 취급되었다. 산상수훈은 111절로 구성되었는데 그중 18절이 직접적으로 기도에 대한 것이고, 그 외에 간접적인 것들도 있다.

기도는 모든 세대에서 또한 모든 하나님의 자녀에게 있어서 경건을 위한 가장 중요한 원리 중 하나였다. 기도는 그리스도의 일 가운데서 의무를 유발시키는 것이 아니라, 중요하고 원초적인 의무들을 회복하고 개조하며 영력을 불어넣으며 재강화시키는 일에 속한 것이다.

모세에게 기도의 위대한 특징이 두드러지게 나타나 있다. 그는 결코 허공을 치거나 헛된 싸움을 하지 않았다. 모세에게 가장 심각하고 중점을 두어야 하는 일은 기도였다. 그는 더없는 간절함으로 열심히 기도했다. 그는 하나님과 아주 친밀했지만 그 친밀함이 기도의 필요성을 줄어들게 하지 못했다. 이런 친밀함은 기도의 성격과 필요성을 더 분명히 깨우쳐 주었고, 기도할 의무를 더 잘 이해하게 하였고 기도의 결과를 더 많이 발견하게 하였다. 그는 이스라엘 민족이 겪었던 위기들 중 하나로 민족의 존재가 위험에 처했을 때를 회고하면서 이렇게 기록했다.

"내가 주 앞에 엎드려 사십 주야를 보냈다."

놀라운 기도에 놀라운 응답이다! 모세는 놀라운 기도를 하는 법을 알았고 하나님은 놀라운 결과를 주시는 법을 아셨다.

성경의 언급은, 기도는 하나님을 움직이며, 달리는 얻을 수 없는 하나님의 은총을 얻게 한다는 교리에 대한 우리의 믿음을 증가시킨다.

그것은 우리가 기도하지 않으면 하나님께서 베풀어 주시지 않는다. 성경의 가르침의 핵심은 하나님이 기도를 들으시고 응답하신다는 위대한 진리를 설명해 주는 것이다. 성경에 나타난 하나님의 큰 목적 중 하나는, 우리가 현재와 영원에 필요한 것들을 위하여 하나님께 구하는 간청의 절대적 필요와 무한한 가치와 중대성에 대하여, 우리 마음에 잊혀지지 않는 영상을 심어 주는 것이다.

하나님은 모든 것을 고려하셔서 우리에게 촉구하시며 모든 필요를 고려하셔서 우리에게 강요하시며 경고하신다. 그는 우리를 위하여 우리에게 넘겨주신 자신의 아들을 가리키시며, 예수님은 우리의 기도가 응답된다는 것에 대한 보증이라고 하신다. 세상의 아버지들은 자기 자녀를 위할 수 있고 또 하려고 한다. 그리고 하나님은 우리의 아버지시다. 그 하나님은 우리를 위해 모든 것을 하실 수 있으시며 우리에게 모든 것을 주실 수 있다고 가르치신다.

기도는 특권이요 의무다

우리는 우리 자신을 철저하게 이해하고 이 중대한 기도의 일을 이해해야 한다. 우리가 해야 할 큰 일 중 하나는 기도다. 그러므로 우리가 온 힘을 다해 기도에 매달리지 않고는 결코 기도를 잘할 수 없다. 기도를 위해 가장 좋은 조건을 마련해 놓지 않고는 결코 기도를 잘할 수 없다. 사단은 잘하는 기도에 의해 많은 고생을 했기 때문에 자신의 모든 간교하고 날카롭고 교묘한 수단을 동원해 기도를 막으려고 한다.

우리는 찾을 수 있는 모든 줄을 동원해서 우리 자신을 기도에 묶어 놓아야 한다. 어느 때나 어디에서나 그것이 풀릴 때는 사단이 들어올 문을 열어 놓는 것이다. 아주 작은 일에도 정확하고 신속하며 확고부동하며 조심스러울 때 우리는 악한 자를 대항할 수 있게 된다.

기도는 하나님이 맹세하셔서 하나님의 기초석으로 놓였으며 그 맹세가 영원한 것처럼 영원하다. "사람들은 그를 위하여 끊임 없이 기도해야 한다." 이것이 하나님의 대의가 진척되게 하는 영원한 조건이며 또한 강력하고 적극적이게 하는 것이다. 사람은 항상 그것을 위해 기도해야 한다. 하나님의 일의 능력과 아름다움과 저돌성은 기도에 있다. 하나님의 일의 능력은 바로 기도하는 능력에 있다. 기도하는 능력 외에는 어느 곳에서도 그 능력이 발견되지 않는다.

"내 집은 기도하는 집이라 일컬음을 받으리라" 마 21:13.

기도는 특권이며 신성한 것이며 왕자의 권리이다. 기도는 의무이며 가장 구속력 있는 그리고 가장 명령적인 책임이다. 그것은 우리를 구속해야 한다. 그러나 기도는 특권 이상의 것이며 의무 이상의 것이다. 기도는 또한 수단이며 도구며 조건이다. 기도하지 않으면 귀하고 아름다운 특권을 사용하고 향유하지 않는 것 이상을 잃게 된다. 기도하지 않는 것은 책임보다 훨씬 중요한 일을 이행하지 않는 것이다.

기도는 하나님의 도우심을 얻기 위해 지정된 조건이다. 이 도움은 하나님의 능력으로, 다방면적이고 무제한적이다. 그리고 인간의 필요가 다양하고 한이 없는 것처럼 다양하고 한이 없다. 기도는 하나님이 인간의 부족함을 채워 주시는 통로다. 기도는 모든 좋은 것이 하나님으로부터 인간에게, 그리고 인간으로부터 인간에게 흘러나는 통로다. 하나님은 그리스도인의 아버지이다. 구하고 주는 것은 그 관계 안에서 이루어진다.

인간은 기도라는 이 위대한 일에 직접적으로 관련된 존재다. 기도에 이성을 사용함으로 인해 이성은 고귀하게 된다. 기도라는 직임과 일은 인간 이성이 하는 일 가운데 가장 신성한 것이다. 기도는 인간의 이성을 빛나게 한다. 가장 높은 수준의 지성은 기도를 인정한다. 가장 많이 가장 잘 기도하는 사람이 가장 지혜로운 사람이다. 기도는 경건의 학교이며 동시에 지혜의 학교이다.

기도는 만지고 바라보고 감탄하는 그림이 아니다. 기도는 아름다움도 색칠하기도 모양내기도 태도도 상상도 재능도 아니다. 이러한 것들은 기도의 성격과 행위와는 상관이 없다. 기도는 시도 음악도 아니다. 기도의 영감과 선율은 하늘로부터 온다. 기도는 영에 속한 것이다. 때로 기도는 영을 소유하며 높고 거룩한 목적과 결의로 영을 움직인다.

2

기도는 가난함을
풍부하심으로 채우는 힘이다

나는 두 시간이나 투쟁했으나 하나님은 나를 버리셨다. 그리고 어느 추운 오후에 내내 나는 사람도 하나님도 만나지 못했다. 마침내 잠잠히 서서 위에서부터 밑에까지 만년설로 덮여 있는 시할리온 산을 바라보고 있을 때 갑자기 다윗의 간구가 나의 마음에 떠올랐다. "나를 씻기소서 내가 눈보다 희리이다!" 순간 나는 하나님과 함께했다. 아니 그보다 하나님이 나와 함께하셨다. 나는 마음이 뜨거워져서 집으로 걸어 왔다. _ 알렉산더 화이트

복음의 기초에 새겨진 기도

우리는 기도의 주관적 유익에 대한 좋은 글과 박식한 말을 많이 듣는다. 어떻게 기도가 하나님께는 영향을 미치지 않고 우리에게만 영향을 주며, 기도하는 사람에게 훈련의 학교가 되도록 하여 최대한의 결과를 얻게 하는지에 대해 읽고 듣는다.

또 그런 선생들로부터 기도의 영역은 얻는 것이 아니고 훈련하는 것이라고 배운다. 그리하여 기도는 단순한 퍼포먼스가 되며 엄격한 훈련관이 되며 학교가 된다. 그곳에서는 인내와 고요함과 의지하는

법을 가르친다. 이 학교에서는 기도를 부인하는 것이 가장 고귀한 교사가 된다.

이러한 가르침이 멋있어 보이고 아주 합리적인 것처럼 보일지 모르나 성경에는 그런 것이 전혀 없다. 성경에서 분명히 그리고 자주 반복되는 말은, 기도는 하나님에 의해 응답 받으며, 하나님은 우리와 아버지의 관계를 맺고, 우리가 구할 때 하나님은 아버지로서 우리가 구하는 바를 주신다는 것이다.

기도의 가능성과 필요성은 복음의 영원한 기초에 새겨져 있다.

아버지와 아들 사이에 맺어진 관계와, 이 둘 사이에 선포된 언약은 기도를 그 존재의 기초로 삼으며 복음의 성공과 진보의 조건으로 삼는다. 기도는 모든 대적을 이기며 모든 유업을 소유하게 하는 조건이다.

이러한 것들은 비록 아주 평범한 것이지만 핵심이 되는 진리들이다. 그러나 오늘날은 성경의 핵심 원리들이 강조되고 주장되고 선포되고 또 반복되어야 할 때이다. 이 시대의 분위기는 기초를 잠식하는 영향력들과 행위들과 이론들로 무르익어 있다. 그리하여 가장 명백한 진리들과 가장 자명한 명제들이 사악하면서도 보이지 않는 공격에 의해 무너지고 있다.

기도는 진정한 일

이보다 더한 것은 오늘날의 경향은 행동을 과시하는 것이어서 기도 생활을 약화시키고 기도의 영을 무너뜨린다는 것이다. 무릎을 꿇기도 하고 기도하는 자세를 취하기고 하고 또 머리를 숙이기는 하지만 진지하고 진정한 기도는 없다. 기도는 진정한 일이다. 기도하는 것은 중대한 일이다. 기도는 예배의 핵심을 차지한다. 기도하는 모습이나 기도하는 분위기, 그리고 기도를 과시하는 일은 있지만 진정한 기도는 없다. 대단한 태도나 몸짓이나 장광설은 있는지 모르지만 기도는 없다.

누가 기도로 하나님의 존전에 나아갈 수 있을까? 온 세상의 창조자시며 우리 주 예수 그리스도의 아버지시요 모든 좋은 것을 그 손에 가지고 계시고 전능하셔서 모든 것을 하실 수 있는 그 위대한 하나님 앞에 나아갈 수 있는 자가 누구인가? 이처럼 위대하신 하나님께 인간이 나아가기 위해서는 얼마나 낮아져야 하고 얼마나 진실해야 하고 얼마나 손이 깨끗하고 마음이 정결해야 할꼬!

기도에 대한 정의는 어느 때든지 좀처럼 성경의 범주에 속하지 않는다. 어느 곳에서나 우리는 기도에 대한 설교적 가르침에 익숙해지는 것보다 기도하는 것이 더 시급하고 중요하다는 인상을 받는다. 그것은 마음의 문제지 가르침의 문제가 아니다. 또 그것은 말보다 감정의 문제다. 기도하는 것이 기도를 배우는 가장 좋은 학교이며, 기도 그 자체가 기도의 본질과 기술을 정의하는 가장 좋은 사전이다.

우리는 반복하고 또 반복한다. 기도는 습관과 기억에 의해 얽힌 단순한 버릇이 아니며 반드시 완수되어야만 하는 그리고 그 가치가 그 행위의 고상함과 완전함에 달려 있는 그 무엇이 아니다. 기도는 이행되어야만 하는 의무가 아니며 의무를 벗어나기 위해 하는 것도 아니며 양심을 잠재우기 위해 하는 것도 아니다. 또한 한가하게 마음 내키는 대로 임의로 하거나 하지 않아도 별 해가 없는 단순한 특권도 성스러운 몰입도 아니다.

기도는 하나님께 드리는 엄숙한 봉사이며, 경배며 예배며 무엇인가 요청하기 위해 하나님께 나아가는 것이며, 소원을 제시하는 것이며 필요를 하나님께 표현하는 것이다. 그리고 하나님은 모든 필요를 채워 주시며 모든 소원을 만족시키시는 분이다. 하나님은 아버지로서 자기 자녀들의 부족함을 채워 주시고 그들의 소원을 이루어 주기를 즐기시는 분이다. 기도는 자녀의 간청으로서 허공이나 세상을 향해 드리는 것이 아니라 아버지께 드리는 것이다.

기도는 아버지의 도움을 얻기 위해 내민 자녀의 손이다. 듣고 느끼시고 해결해 주시는 아버지의 귀에, 아버지의 심장에, 아버지의 능력에 부르짖는 자녀들의 울부짖음이다. 기도는 우리가 기도하지 않으면 오지 않는 하나님의 좋은 것을 구하는, 아니 가장 좋은 것을 구하는 것이다.

기도는 어떤 구체적인 것을 위하여 하나님께 믿음을 가지고 열심히 부르짖는 것이다. 구체적으로 구한 것을 응답하는 것이 하나님의 법칙이다. 그 응답과 함께 다른 많은 은사와 은총들이 오기도 한다. 힘과 평온함과 유쾌함과 믿음이 그 은사를 받는 자에게 오기도 한다. 그러나 그러한 것들도 하나님이 기도를 들으시고 응답하시기 때문에 오는 것이다.

하나님은 기도에 응답하시며 우리가 구하는 바로 그것을 주심으로 응답하신다는 것, 그리고 그것도 우리가 소망하는 것을 하나도 남김없이 주시고 그 외에 다른 것도 주시는 것은 법칙이 아니라 드문 일이고 예외적이라는 것을 시인함으로, 우리는 성경의 분명한 글자와 정신을 행하고 따르는 것이다. 자녀들이 빵을 부르짖을 때 하나님은 빵을 주신다.

계시는 철학적으로 미묘한 것을 다루거나 멋있는 말이나 머리카락을 구분하는 듯한 그런 구별을 하는 것이 아니다. 그것은 관계를 보여주고 원리를 선포하며 의무를 강조한다. 마음이 정해지고 경험이 실현되어야 한다.

바울은 너무나 늦게 등장한 사람이기에 기도에 대한 정의를 다시 할 필요가 없었다. 그것은 족장들과 사도들에 의해 이미 아주 잘 되어 있었기 때문에 다시 사전을 뒤질 필요가 없었다. 그리스도 자신이 기도에 대한 설명이며 정의이다. 그리스도는 사람들이 한 적이 없는 기도를 했다. 그는 이전에는 결코 알려지지 않은 엄청난 결과와 단순성을 통해 기도를 더 높은 토대 위에 올려 놓았다. 그는 자신을 계시함으로 바울에게 기도하는 방법을 가르치셨다. 그것은 기도하라는 첫 번째 부르심이며 기도에 관한 첫 번째 가르침이다. 기도는 사랑처럼 어떤 정의로 이해될 수 없다. 그것은 하늘에 속한 것이며 마음에 속한 것이지, 말이나 이념에만 속한 것이 아니다.

인간이 할 수 있는 가장 신성한 일

기도는 인간의 사소한 발명품이 아니다. 그리고 가공의 질병에 대한 가공적 치유가 아니다. 기도는 따분하게 이행되는 것이 아니며 무기력하며 죽은 것이 아니다. 기도는 인간으로 하여금 살아 있게 하고 생명을 주게 하며, 기뻐하고 기쁨을 주게 하는 하나님의 능력 있는 행위이다. 기도는 살아 있는 영혼이 하나님과 만나는 것이다. 기도를 통해 하나님은 인간을 만나 주시며 축복하시며, 하나님이 계획하신 것이나 혹은 인간이 필요로 하는 모든 것에 대하여 인간을 도와주신다.

기도는 인간의 공허를 하나님의 충만함으로 채워 준다. 기도는 인간의 가난함을 하나님의 부요함으로 채워 준다. 기도는 인간의 나약함을 밀어내고 하나님의 능력으로 채운다. 기도는 인간의 왜소함을 몰아내고 하나님의 위대함으로 대치한다. 기도는 인간의 크고 지속적인 필요를 하나님의 크고 지속적인 풍요로움으로 채워 주시는 하나님의 계획이다.

인간이 명령받고 있는 이 기도는 도대체 무엇인가? 그것은 단순한 형식이나 어린애들의 장난이 아니다. 그것은 진지하며 어려운 일이며, 가장 용맹스럽고 가장 능력 있는 일이며, 인간이 할 수 있는 가장 신성한 일이다. 기도는 인간을 지상에서 들어 올려 하늘에 연결시키는 것이다. 기도만큼 인간이 하늘에 가까이 가며, 하나님께 가까이 가며, 하나님을 닮아 가며, 예수 그리스도와 동감하고 진실한 동역을 할 수 있는 것은 없다. 사랑, 박애, 거룩한 진리, 이 모든 것은 인간에게 도움이 되며 유익한 것으로 기도에 의해 생겨나며 완성된다.

기도는 단순한 의무의 문제가 아니라 구원의 문제이다. 기도의 사람이 아닌 사람이 구원받은 사람이겠는가? 구원의 요소 혹은 특성 중의 하나가 기도의 습관과 은사와 열정이 아닌가? 예수 그리스도와 친분을 맺은 사람이 기도하지 않을 수 있을까? 성령을 받았는데 기도의 영을 받지 않을 수 있을까? 거듭난 사람이 기도를 하지 않을 수 있을까? 성령 충만의 삶과 기도의 삶이 연합되고 일치하지 않을 수 있을까? 기도를 배우지 않은 사람의 마음에 형제애가 있을 수 있을까?

신약에는 두 종류의 기도가 있다. 그것은 기도와 간구이다. 기도는 일반적인 기도를 의미한다. 간구는 좀 더 집중적이며 좀 더 특별한 형태의 기도이다. 간구와 기도 이 둘은 함께 결합되어야 한다. 그럴 때 우리는 가장 넓고 가장 아름다운 형태의 경건의 시간을 가지며 가장 진지하고 개인적인 필요를 의식하는 시간을 가지게 된다.

에베소서 6장에 나오는 바울의 기도 목록에서는 우리가 싸움터에 있는 것처럼 항상 기도하여야 한다고 가르친다. 집중적인 간구로 성령을 찾음으로써, 우리의 간구가 생명을 주고 조명하며 숭고하게 하는 성령의 에너지로 힘을 얻어야 한다. 이 치열한 기도와 치열한 싸움을 위해서는 반드시 깨어있어야 한다. 성공적인 기도를 하기 위해서는 다른 모든 갈등의 영역에서와 마찬가지로 끈질김이 필수적인 요소이다. 이 세상의 성도들은 우리의 기도의 도움을 받아야 승리한다. 사도의 용기와 능력과 성공은 모든 곳에 흩어져 있는 믿음의 군병들의 기도에 의하여 얻어지는 것이다.

하나님을 보는 눈

깊고 진실한 비전을 가진 사람들만 기도할 수 있다. 요한계시록 4:6에 나와 있는 "생물들"은 "앞 뒤에 눈이 가득하다"고 설명되어 있다. 눈은 보기 위해 있는 것이다. 그 속에는 명료하게, 집중적으로 완전하게 볼 수 있는 힘이 있다. 경계심과 분명하게 내다보는 힘이 그 안에 있다. 기도에 의해서 마음의 눈이 열린다. 은혜의 신비에 대한 분명하고 깊은 지식도 기도에 의해 얻어진다. "이들 생물들은 안과 주위에" 눈이 가득하였다. 생명의 가장 고귀한 형태는 지성이다. 무지는 다른 영역에서처럼 영적인 영역에서도 저속하며 품위가 없다.

기도는 우리에게 하나님을 보는 눈을 준다. 기도는 하나님을 보는 것이다. 기도 생활은 안팎으로 지식이다. 기도는 내적인 모든 경계심이며 외적인 모든 경계심이다. 내적인 지식 없이는 지적인 기도를 할 수 없다. 우리는 내적 상태와 내면의 필요를 느끼고 알아야 한다.

섬기는 일을 하기 위하여

섬기는 일을 하기 위해서는 기도가 필요하다. 섬기는 일은 삶을 요구하며, 가장 귀한 형태의 삶을 필요로 한다. 기도는 모든 것들 가운데서 가장 고상한 지식이요, 가장 심오한 지혜이며, 가장 중요하고 가장 기쁨이 넘치며, 가장 효력 있고, 가장 능력 있는 것이다. 기도는 생명이요, 빛나며 황홀하며 영원한 생명이다. 메마른 형식, 죽어 차가운 습관의 기도를 버리라! 메마른 습관이요 무감각한 행위요 사소한 장난과 같은 기도를 물리치라. 중요한 일이요, 인간의 주된 임무인 기도에 집중하자. 그 일을 잘하자. 이 위대한 기도의 일에 숙련되자. 이 고귀한 기도의 기술에 최고의 기술자가되자. 기도의 습관에 빠져 들고, 기도에 전념하고, 기도의 풍성한 향기에 흠뻑 젖고, 기도의 거룩한 불꽃에 뜨거워져서 하늘과 땅이 기도의 향기에 젖게 하고 태어나지 않은 태 속의 민족들이 우리 기도로 복을 받게 하자.

우리가 기도하는 삶을 살기 때문에 하늘은 영광스러운 백성들로 가득 차 빛나게 될 것이며, 땅은 혼인날을 위해 더 잘 예비할 것이며, 지옥은 지옥으로 갈 사람들을 많이 빼앗기게 될 것이다.

사람들은 안타깝고도 파괴적일 정도로 기도를 소홀히 한다. 뿐만 아니라 공적 기도와 나라의 기도, 단순한 습관적인 기도처럼, 기도하는 것처럼 보이지만 그저 낭비에 불과한 것들이 아주 많다. 사람들은 마음과 실제가 사라진 후에는 형식과 유사함에 집착한다. 이것은 기도하는 것 같아 보이는 많은 사람들 속에서 그 예를 찾아볼 수 있다. 사람들은 형식적인 기도에 집착하며 많은 사람들이 이를 추구한다.

엘리를 향한 한나의 말과 위선적인 기도라는 엘리의 꾸지람에 대한 그녀의 변호는 "내가 여호와 앞에 나의 심정을 통한 것뿐이오니"라는 것이었다. 유대인들을 향한 하나님의 진지한 약속은 "너희는 내게 부르짖으며 와서 내게 기도하면 내가 너희를 들을 것이요 너희가 전심으로 나를 찾고 찾으면 나를 만나리라"는 것이다.

"내가 여호와 앞에 나의 심정을 통한 것뿐이오니" 그리고 "전심으로 나를 찾으라"는 기준을 가지고 현재 이루어지고 있는 기도들을 평가해 보도록 하자. 형식적인 것, 낭비적인 것, 무가치한 것이 얼마나 많을까 살펴보자. 야고보는 엘리야가 "간절히 기도했다"영어 원문에는 "기도로 기도했다" 고 말한다.

기도에 대해 디모데에게 주는 바울의 교훈 딤전 2:1에서, 우리는 기도에 여러 형태가 있음을 본다. 그것들은 모두 복수형으로 간구들과 기도들과 도고들이다. 그것들은 기도가 여러 면들을 가지고 있으며, 무한히 다양하며, 기도의 형식적 단순성을 넘어서야 할 필요가 있음을 보여 준다. 또한 기도에 기도를, 간구에 간구를, 중보에 중보를 더하여 마침내 여러 기도들이 가장 잘 연결되어 연합된 힘을 발휘하고, 축적된 능력을 드러내야 함을 보여 준다. 기도가 무한하게 연관되어 있고 한없이 많은 복수라는 사실은 기도의 위력을 보여 주는 것이다.

"기도"라는 말은 일반적이고 종합적인 말로서 우리가 기도라고 부르는 행위와 의무와 정신과 섬김을 가리키는 것이다. 그것은 예배에 대한 압축적인 표현이다. 하늘의 경배에는 그처럼 분명한 기도의 요소가 없다. 기도는 지상의 예배에 있어 아주 분명하고도 가장 중요한 본질이며 모든 것을 특징 짖는 요소인 반면, 찬양은 하늘의 경배에 있어서 가장 뛰어나며 포괄적이며 모든 것을 특징지으며 감동을 주는 요소이다.

3

기도는 예배의 가장 중요한 요소다

> 영적 의식이 관련된 곳, 즉 질문을 던지고 증거를 요구하는 부분에서는 어떤 증거도 영적인 것만큼 강력하며 적절한 것이 될 수 없다. 물질 이상의 것 그리고 논리 이상의 것만이 받아들여질 수 있다. 왜냐하면 당면 문제 자체가 영적이며 초자연적인 하나님의 존재와 인격에 관한 것이기 때문이다. 오직 성령만이 우리 영과 더불어 증거한다. 이 증거는 영적 혹은 초자연적으로 이루어지는 것이며 그렇지 않으면 결코 이루어질 수 없는 것이다. _C. L. 칠톤

생명의 호흡

유대 율법과 선지서들은 아버지 하나님에 관해 중요한 것을 알았다. 간헐적이고 불완전하긴 하지만 그들은 하나님이 아버지가 되시며 우리는 아들이 된다는 위대한 진리를 접할 수 있었다. 그리스도는 이 기본적인 원리를 가지고 기도의 토대를 깊이 그리고 튼튼하게 깔아 놓았다. 기도의 법칙, 기도의 권리, 이 모두는 우리의 아들됨에 근거하고 있다.

"우리 아버지"는 우리를 하나님과의 가장 가까운 관계로 들어가게

한다. 기도는 자녀의 접근이며 자녀의 간청이며 자녀의 권리이다. "하늘에 계신 우리 아버지"께로 우리의 눈을 드는 것이 기도의 법칙이다. 우리 아버지의 집은 하늘에 있는 우리의 집이다. 하늘의 시민권과 하늘에 있는 고향을 그리워하는 마음이 기도 안에 있다.

기도는 낮은 곳으로부터, 공허한 데서부터, 지상의 궁핍함으로부터 하늘의 높음으로, 충만함으로, 풍족함으로 향하는 호소이다. 기도는 어린아이 같은 갈망과 어린아이 같은 신뢰와 어린아이 같은 기대를 가지고 마음과 눈을 하늘로 향하는 것이다. 하나님의 이름을 거룩되게 하는 것, 숨을 죽이고 그것을 말하는 것, 이 모든 것 또한 기도에 속한다.

이렇게 볼 때, 구원을 위하여 아이들에게 기도의 필요성을 일러 주는 것이 절대 요건이라고 말할 수도 있다.

그러나 안타깝다! 불행히도 천국과 지옥이 있으며 지옥을 피하고 천국에 가야 한다고 말해 주는 것만으로 충분하다고들 생각한다. 그들은 구원에 이를 수 있는 가장 쉬운 길에 대하여는 가르침을 받지 못한다.

천국에 가는 유일한 길은 기도의 길을 통하는 것이다. 그러한 마음의 기도는 모든 사람이 할 수 있는 것이다. 이 기도는 연구의 결과도, 막연한 대상으로 생각을 채우는 상상력의 활용 결과도 아니다. 그것은 구원에 이르게 할 수 없다. 그러나 자녀가 하늘 아버지께 드리는 단순하고 신뢰로 가득한 기도는 천국으로 인도한다.

심령이 가난한 사람은 참된 기도를 하게 된다. "심령이 가난한 자는 복이 있나니 하늘나라가 저희 것이다." "가난한 자"는 빈민이요 거지로 다른 사람들의 도움을 의지하여 살며 구걸하여 연명하는 사람이다.

그리스도의 사람들은 구함으로 사는 사람이다. "기도는 그리스도인의 생명의 호흡이다!" 그것은 그리스도인의 풍부한 유산이며 매일의 연금이다.

기도하시는 그리스도

그리스도는 직접 자신의 본을 통해서 기도의 본질과 필요성을 설명하였다. 그리스도는 어느 곳에서든 이 세상에서 하나님의 일을 하는 사람은 기도한다고 선언했다. 그는 사람이 하나님께 드려질수록 더욱 기도하는 사람이 된다는 원리를 보여 주는 본이다. 신령한 사람일수록 아버지와 아들의 영을 더 많이 소유하며 더 많이 기도한다. 그리고 역으로 기도를 많이 하는 사람일수록 아버지와 아들의 영을 더 많이 받는다.

예수님의 생애 중에서 중대한 사건들과 결정적인 시기들-공사역의 시작, 성령이 임하였던 요단강의 세례, 변화산에서의 변화 직전, 겟세마네 동산 등―에 예수님이 기도하신 것을 발견할 수 있다. "그리스도도 너희에게 본을 끼쳐 그 자취를 따라오게 하려 하셨느니라"고 한 베드로의 말은 여기에서 잘 맞는 말이다.

그리스도께서 행한 이적들 가운데서도 기도의 중요한 원리를 찾아볼 수 있다. 그것은 기도 응답의 점진적인 성격이다. 하나님은 항상 단번에 기도에 대한 완전한 응답을 주시는 것이 아니라, 점진적으로 한 단계 한 단계씩 응답하신다. 마가복음 8:22에는 너무도 쉽게 간과되고 있는 이 중요한 진리를 설명해 주는 사례가 있다.

"벳새다에 이르매 사람들이 소경 하나를 데리고 예수께 나아와 손 대시기를 구하거늘 예수께서 소경의 손을 붙드시고 마을 밖으로 데리고 나가사 눈에 침을 뱉으시며 그에게 안수하시고 무엇이 보이느냐 물으시니 우러러 보며 가로되 사람들이 보이나이다 나무 같은 것들의 걸어가는 것을 보나이다 하거늘 이에 그 눈에 다시 안수하시매 저가 주목하여 보더니 나아가 만물을 밝히 보는지라" 막 8:22-25.

그는 때때로 우리를 세상으로부터 분리시켜 따로 있게 하신다. 그리고 거기서 예수님은 우리 전체를 그에게 집중하게 하신 후 우리에게 말씀하시고 우리와 상대하신다.

세 소경 이야기

주님이 세상에 계시는 동안 세 번 소경을 고치셨다. 그것은 기도 응답에 대한 하나님의 역사의 성격을 설명해 주고 또한 그의 역사의 전능성과 무한한 다양성을 보여 준다.

첫 번째 경우는 그리스도께서 예루살렘의 소경을 우연히 만나, 침으로 진흙을 이겨 그의 눈에 바르시고 실로암 못에 가서 씻으라고 하신 경우이다. 은혜의 역사는 소경의 씻는 행위를 마침으로 나타났다. 가지 않고 씻지 않았다면 치유는 불가능했을 것이다. 이 경우, 아무도 장님 자신도 치유를 요청하지 않았다.

두 번째는 사람들이 고쳐 줄 것을 위해 간절히 구하면서 사람들이 소경을 데리고 온 경우이다. 그들은 그저 그리스도께서 만져 주시기만을 구했다. 그들의 믿음은 그처럼 힘들게 움직이는 일을 하지 않게 할 수도 있었다. 그러나 예수님은 소경의 손을 붙드시고 마을 밖으로 데리고 나가서 사람들과 분리시켰다. 홀로 그리고 은밀하게 이 일이 이루어졌다. 예수님은 눈에 침을 뱉으시고 그에게 안수하셨다. 그 결과는 완전한 것이 아니라 희미하게 보이는 부분적 회복이었다. 첫 번째 은혜의 역사가 나타났지만 희미하게만 볼 수 있는 것이었다. 그 후 두 번째 안수하심으로 그의 눈은 완전히 고쳐졌다. 자기를 그리스도께 맡겨 사람들로부터 떨어져 따로 은밀하게 있도록 순종하는 믿음이

이 치유 역사의 두드러지는 특징이다. 그리고 점진적인 시력 회복과 두 번째 안수를 통해 사역을 완성하는 것 또한 그렇다.

세 번째는 소경 바디매오의 경우이다. 그가 응답받게 한 것은 그리스도를 따르던 사람들로부터 꾸지람을 받으면서도 더욱 담대하고 큰 소리로 외친 절박한 믿음이었다.

첫 번째 경우는 무의식 중에 그리스도에게 왔으며, 두 번째 경우는 특정한 의도를 가지고 그리스도에게 왔고, 세 번째는 막을 수 없는 절박감을 가지고 그리스도를 좇았지만 많은 사람의 반대에 부딪혔고 그리스도도 무관심한 것처럼 보였다. 그렇지만 그 치유는 다른 수단을 사용하지 않은 채 이루어졌다. 안수도 없었고, 침뱉음도 없었고, 진흙도 바르지 않았으며, 씻는 일도 없었다. 단지 말뿐이었고 그의 시력은 즉각적으로 완전해졌다.

각 사례 모두 동일한 하나님의 능력을 경험하였고 동일한 축복을 받았다. 그러나 그들의 신앙의 표현이나 치유 방법에는 현저한 차이가 있었다. 만남에 대하여서도 생각해 보자. 우선 세부 사항들이 결정되고, 치유의 과정, 즉 하나님의 유일한 과정으로서 침 뱉음과 진흙과 실로암 못에 씻는 일이 있었다. 그것은 얼마나 진리와 거리가 먼 일이며, 그러한 결단을 위한 기준이 얼마나 옹색하고 잘못된 인도인가? 그러나 방법이 아니라 결과가 하나님의 역사에 대한 시험 기준이다.

각 사람은 "내가 한 가지 아는 것은 내가 소경으로 있다가 지금 보는 그것이다."라고 말할 수 있었다. 결과는 의식적인 것이었다. 그리스도가 그들이 아는 그 일을 행하셨다. 믿음은 도구였지만 그 믿음의 행사는 다르다. 그리스도께서 역사하시는 방법이 다르다. 그들 편에서 보면 그들에게 은혜를 경험하게 한 과정은 다양하며 주님의 편에서 보면 많은 점에서 아주 다르다.

기도의 한계는 무엇인가? 기도의 유익과 가능성은 어디까지인가? 하나님께서 인간과 인간의 세상을 다루심에 있어서 기도가 미치지 못하는 부분은 무엇인가? 기도의 가능성은 이 세상과 영적인 세상 전체에 다 미치는 것일까? 이러한 질문들에 대한 대답은 너무나 중요하다. 그 대답은 우리의 기도의 노력과 결과를 측정할 것이다. 그 대답은 기도의 가치를 아주 높이든지 아니면 좌절시킬 것이다. 이러한 질문들에 대한 대답은 기도에 관한 바울의 말씀에서 충분히 다루어져 있다.

"아무것도 염려하지 말고 오직 모든 일에 기도와 간구로 너희 구할 것을 감사함으로 하나님께 아뢰라"빌 4:6.

4

기도는 인간이 할 수 있는 하나님의 일이다

그리스도는 모든 것이다. 우리는 그 안에서 완전하다. 그는 모든 필요에 대한 응답이며 완전한 구주이시다. 그는 자신의 아름다움을 증가시키기 위해 치장하지 않으며, 안전을 유지하기 위해 지주를 필요로 하지 않으며, 능력을 완전케 하기 위해 무장하지 않는다. 누가 연단된 정금을 빛나게 하겠으며, 눈을 희게 하겠으며, 장미 냄새를 향기롭게 하겠으며, 여름 석양 빛을 채색할 수 있겠는가? 누가 산을 받칠 수 있으며 깊은 바다를 더 깊게 할 수 있겠는가? 그것은 그리스도와 철학이, 그리스도와 돈이, 문명과 외교, 과학, 조직이 함께 하여 되는 것이 아니라 그리스도 홀로 하는 것이다. 그가 홀로 포도주틀을 밟는 것이다. 그의 팔이 구원을 가져다 주며 그는 충분하신 분이다. 그는 모든 인간의 위로요, 힘이요, 지혜요, 의미요, 거룩이다. _C. L. 칠톤

하나님의 일

기도는 인간이 참여할 수 있는 하나님의 일이다. 기도는 하나님께 필요한 일로, 오직 인간이 할 수 있는 일이요, 반드시 해야 하는 일이다. 하나님께 속한 사람은 기도할 의무가 있다. 그들은 부자가 되거나 돈을 모아야 할 의무가 없다. 사업에서 크게 성공해야 할 의무도 없다. 이러한 것들은 하늘나라에 대한 진실성과 하나님께 대한 충성과 관련해 볼 때 사소하며 일시적이며 그저 이름뿐인 것이다. 물질적인 성공은 하나님의 눈에는 없는 것이나 마찬가지다. 인간은 물질이 있거나

없다고 해서 더 좋아지는 것도 나빠지는 것도 아니다. 그것들은 하늘나라의 기준으로 평가할 때는 칭찬받을 만한 것도 존경받을 만한 것도 아니다. 그러나 기도하는 것, 진정으로 기도하는 것은 하나님의 기준으로 볼 때 상을 받을 만한 것이요 칭찬받을 만한 것이요 존경받을 만한 것이다. 인간은 신앙을 가질 의무가 있듯이 기도할 의무가 있다. 기도는 하나님께 대한 충성이다. 기도하지 않는 것은 그리스도를 거부하는 것이고 하늘나라를 포기하는 것이다. 기도 생활은 하늘나라에서 중요하게 여겨지는 유일한 삶이다.

하나님은 인간이 기도하는 일에 대해 지극한 관심을 가지고 계신다. 인간은 기도로 더 나아지며 세상도 기도로 더 좋아진다. 하나님은 기도를 통해 세상에 가장 좋은 일을 행하신다. 하나님의 최고의 영광과 인간의 최대의 선은 기도로 얻어진다. 기도는 거룩한 사람을 만들며 거룩한 세상을 만든다.

하나님의 약속과 기도

인간이 진지하고 역사하는 기도로 하나님의 약속들을 자기 것으로 삼으며 그것에 생기를 불어넣지 않는다면 그 약속들은 썩어져서 흙으로 돌아가는 생명 없는 거대한 시체와 같은 것이다.

약속은 파종하지 않은 씨앗과 같아서 그 안에 생명의 근원이 있지만, 그 씨가 발아하기 위해서는 기도라는 토양과 배양이 필요하다. 기도는 하나님의 생명을 불어넣는 호흡이다. 하나님의 목적은 기도를 통해 만들어지는 길을 거쳐서 영광스러운 계획을 이루어간다. 하나님의 목적들은 언제나 높고 적극적인 결과를 향하여 움직여간다. 그러나 그 움직임은 끊임없는 기도에 의해서 표시된 길을 따라간다. 인간에게 있는 기도의 호흡은 하나님께로부터 온다.

하나님은 모든 일을 기도와 연관지으실 뿐 아니라 기도하는 사람과도 연관지으신다. 기도하는 사람에게 기도 시간은 하나님의 시간이기에 신성한 시간이다. 또 영혼이 하나님 앞에 나아가며 또한 하나님을 만나는 때이기에 신성하다. 기도하는 시간은 그 영혼이 가장 권능 있게 하나님께 나아가는 시간이요, 하나님으로부터 가장 온전한 계시를 받는 시간이기에 이보다 더 거룩한 시간은 없다. 기도하는 시간은 하나님이 가장 많이 개입하는 시간이므로 기도하는 사람은 하나님을 닮은 사람이 되고 복받는 사람이 된다. 기도는 하나님께 접근하는 것이며 또 그 접근을 가장 가까이하는 것이다.

기도할 줄 모르는 사람은 하나님을 모르는 사람이다. 골방에서 하나님을 향하여 눈을 뜬 경험이 없는 사람은 하나님을 보지 못한 사람이다. 하나님을 볼 수 있는 장소는 골방이다. 하나님께서 거하시는 곳이 골방이다. "지존자의 은밀한 곳에 거하는 자는 전능하신 자의 그늘 아래 거하리로다."

 기도를 통해 지성이 넓어지고 강해지고 명료하게 되고 고양되지 못한 사람은 하나님을 공부한 사람이 아니다. 전능하신 하나님이 기도하라고 명하신다. 하나님은 자기의 길을 이끌어 갈 기도를 기다리신다. 또 하나님은 기도를 기뻐하신다. 하나님께 있어서 기도는 유대인의 성전에서 올라가는 향기와 같은 것이다. 그것은 모든 것에 스며들며 모든 것에 냄새를 풍기며 모든 것을 향기롭게 한다.

응답받는 기도

 기도의 능력은 그리스도를 통하여 하나님의 모든 목적에 다 전달된다. 하나님은 모든 세대에 모든 은사를, 기도를 조건으로 자기 아들에게 주셨다. 아들이 세상의 구원이라는 엄청난 일을 위하여 지상으로 오실 때, 하나님 아버지는 "내게 구하라 내가 열방을 유업으로 주리니 네 소유가 땅 끝까지 이르리로다"라고 말씀하셨다. 인간의 구원을 위한 하나님의 일은 그 성공과 그 결과와 모든 수단이 기도에 달려 있었다.

 기도 응답은 하나님의 약속에 의해서 뿐 아니라, 하나님이 우리의 아버지라는 것에 의해서도 확실하게 된다.

 "너는 기도할 때에 네 골방에 들어가 문을 닫고 은밀한 중에 계신 네 아버지께 기도하라 은밀한 중에 보시는 네 아버지께서 갚으시리라."

다시 우리는 다음의 말씀을 듣는다.

"너희가 악할지라도 좋은 것을 자식에게 줄 줄 알거든 하물며 너희 천부께서 구하는 자에게 성령을 주시지 않겠느냐 하시니라."

하나님은 우리가 기도하도록 격려하신다. 응답에 대한 확신은 물론 약속을 아낌없이 주심으로, 그리고 주시는 분의 풍성하심으로 우리를 격려하신다. 얼마나 귀한 약속인가! "무엇이든지." 이 "무엇이든지"를 추가하고 나면, 아무 조건 없이, 예외 없이 또는 제한 없이 모든 것을 포함하는 약속이며, 또한 그것은 아주 사소하고 아주 구체적인 약속으로 확대된다. 우리를 향한 하나님의 도전은 이런 것이다.

"너는 내게 부르짖으라 내가 네게 응답하겠고 네가 알지 못하는 크고 비밀한 일을 네게 보이리라."

이것은 솔로몬의 기도에 대한 응답에서와 같이 구체적으로 기도한 것뿐 아니라 아주 중대한 것과 아주 필요한 것을 광범위하게 포함한다.

전능하신 하나님은 우리가 하나님을 너무 힘들게 할 것이 두려워서 많이 구하는 것을 주저할까 봐 걱정하시는 것 같다. 그는 자신이 "우리의 온갖 구하는 것이나 생각하는 것에 더 넘치도록 능히 하시는 분"임을 선언하신다. 그는 우리에게 백지 위임장을 주심으로 우리를 거의 질겁하게 만드신다. "장래 일을 내게 물으라 또 내 아들들의 일과 내 손으로 한 일에 대하여 내게 부탁하라"고 하셨다. 하나님은 참으로 기도하기를 명하시며 강권하신다. 그는 약속만 하시는 것이 아니다. "내 아들을 보라! 내가 그를 너희에게 주었노라." "자기 아들을 아끼지 아니하시고 우리 모든 사람을 위하여 내어 주신 이가 어찌 그 아들과 함께 모든 것을 우리에게 은사로 주지 아니하시겠느뇨"라고 말씀하신다.

하나님은 그의 아들을 통해 모든 것을 주셨기 때문에 기도를 통하여 약속으로 우리에게 모든 것을 주셨다. 그의 아들은 놀라운 선물이다! 기도는 그의 복된 아들이 무한한 것처럼 무한하다.

하나님의 아들이 우리를 위하여 주시지 않은 것은 하늘에서나 땅에서나, 이 땅에서나 천국에서나 영원히 없다. 하나님은 기도를 통해 무한히 크고 무엇과도 비길 수 없는 유업을 우리에게 주신다. 그것은 그의 아들 때문에 우리의 것이다. 하나님은 우리에게 "은혜의 보좌 앞에 담대히 나아오라."고 하신다. 대담한 기도를 통해 하나님은 영광을 받으시며 그리스도께서는 존귀를 받으신다.

기도가 없으면

하나님의 약속이 진실한 것처럼 하나님의 목적도 진실하다. 하나님께서는 기도가 없이는 아무것도 하지 않으신다고 말해도 될 것이다. 그의 가장 은혜로운 목적도 기도에 달려 있다. 에스겔서 36장에 있는 그의 놀라운 약속들은 이런 조건과 내용을 설명해 주고 있다.

"나 주 여호와가 말하노라 그래도 이스라엘 족속이 이와 같이 자기들에게 이루어 주기를 내게 구하여라 할지라."

시편 2편에서 그리스도를 존귀하게 하는 하나님의 목적도 앞서 인용된 것처럼 기도에 대한 명령으로 선포되었다. 열방을 유업으로 줄 것을 약속하고 있는 성령의 성취는 기도에 달려 있다. "내게 구하라."고 한 것이다. 우리는 그 명령이 슬프게도 이행되지 못했던 것을 본다. 그것은 하나님의 목적에 약점이 있기 때문이 아니요, 인간의 기도가 약하기 때문이다. 그 영광스러운 결과가 실현되기 위하여 하나님의 능력 있는 명령과 인간의 능력 있는 기도가 요청된다.

우리는 시편 72편에서 그리스도의 정복을 실현시키는 하나님의 힘으로서 기도의 잠재력에 대한 통찰을 발견한다. "저를 위하여 항상 기도할 것이니라." 이 말씀에서 그리스도의 움직임은 기도의 손에 달려 있음을 본다.

그리스도는 슬프고 안타까운 마음으로 인류라는 무르익은 밭과 부족한 일꾼들을 보고서, 그의 목적이 더 많은 일꾼을 구하는 것이었기에 제자들에게 "그러므로 추수하는 주인에게 청하여 추수할 일꾼들을 보내어 주소서 하라"고 하셨다.

에베소서 3장에서 바울은 신자들에게 하나님의 영원한 목적을 상

기시키면서, 그 영원한 목적이 성취되기 위하여 또 그들이 "하나님의 모든 충만하신 것으로 충만하게" 되기 위하여 그가 어떻게 하나님께 무릎을 꿇었는가를 말한다.

우리는 욥기에서 하나님이 욥의 세 친구에 대한 목적을 욥의 기도에 맡기신 사실을 본다. 그리고 욥에 대한 하나님의 목적도 동일한 수단에 의해 이루심을 본다.

요한계시록의 첫 번째 부분 8장에는 천사들이 성도들의 기도와 관련된 것으로 나타나는데 이는 인간 구원을 위한 하나님의 계획과 실행이 성도들의 기도와 어떤 관계에 있고 얼마나 필요한지에 대해 상징적으로 나타낸 것이다.

기도는 약속을 효력 있게 하며 유용하게 한다. 하나님의 목적의 능력 있는 진행은 기도에 달려 있다. 하나님의 보좌 앞에 있는 모든 피조물과 하늘에 있는 교회의 대표들은 "각각 성도들의 기도인 향이 가득한 금대접을 가졌다."

관계를 토대로 한 기도

앞에서 말했지만 다시 반복한다. 기도는 단지 약속에만 근거한 것이 아니라 관계에 기초하고 있다. 죄를 통회하고 돌이키는 죄인은 약속에 근거하여 기도한다. 하나님의 자녀는 자녀의 관계에 기초하여 기도한다. 아버지가 가지고 있는 것은 자녀의 것으로 현재와 미래에 사용되기 위한 것이다. 자녀들은 구하고 아버지는 주신다. 그 관계는 구하고 응답하며, 주고받는 관계이다. 자녀들은 아버지에게 의존하며, 아버지를 바라보며, 아버지에게 구해야 하며, 아버지로부터 받아야 한다.

세상의 부모 자녀간에도 구하고 주는 관계가 있으며, 구하고 주는 행위를 통해 관계가 견고해지고 아름다워지며 풍요로워진다는 것을 우리는 알고 있다. 부모는 순종하는 자녀에게 주는 데서 만족과 기쁨을 마음껏 맛보며 자녀들은 사랑이 담뿍 담긴 아버지의 끊임없는 공급을 통해 만족을 발견한다.

기도는 하나님 자신의 목적보다 더 강력하게 하나님에게 영향을 끼친다. 하나님의 뜻과 말씀과 목적들은 강력한 기도가 있을 때 다시 점검된다. 강력한 기도에 대한 응답으로 이미 정해지고 선포된 하나님의 목적들이 바뀌는 것같이 보이기도 한다. 만일 예수 그리스도께서 열 두 영도 더 되는 천사들이 와서 그 적들을 파멸시키도록 기도했다면 구원의 계획은 실현되지 않았을 것이다. 요나가 니느웨에 들어가서 백성들에게 "사십 일이 지나면 니느웨가 무너지리라."고 하였을 때 니느웨 사람들이 드린 금식기도는 그 악한 도시를 멸망시키기 위한 하나님의 계획을 변경시켰다.

하나님의 관심사

전능하신 하나님은 우리의 기도에 관심을 가지고 계신다. 하나님은 그것을 원하시며 명령하시며 감동을 주신다. 하늘에 계신 예수 그리스도도 늘 기도하고 계신다. 기도는 그의 법이요 그의 삶이었다. 성령님은 우리에게 기도하는 법을 가르치신다. 그는 우리를 위하여 "말할 수 없는 탄식으로" 기도해 주신다. 이 모든 것들은 하나님이 기도에 깊은 관심을 가지고 계심을 보여 주는 것이다. 그것은 아주 분명하게 이 세상에서, 주님의 일에 있어서 기도가 얼마나 중요하며, 기도의 능력이 얼마나 멀리 미치는지 보여 준다. 기도는 인간을 향한 하나님의 마음과 뜻의 중심부를 차지한다.

"항상 기뻐하라 쉬지말고 기도하라 범사에 감사하라 이는 그리스도 예수 안에서 너희를 향하신 하나님의 뜻이니라."

기도는 기쁨과 감사가 넘치게 하는 중심축이다. 기도는 기쁨과 감사를 통해 하나님께로 올라가는 즐겁고 행복한 심장의 박동과도 같다.

기도로 하나님의 이름이 거룩히 여김을 받는다. 기도로 하나님의 나라가 임한다. 기도로 그의 나라가 능력 있게 임하며 정복하는 권능을 가지고 빛보다 더 신속하게 임하여 온다. 기도로 하나님의 뜻이 하늘에서 이루어진 것처럼 땅에서도 아름답게 이루어진다. 기도로 매일의 수고가 거룩하게 되며 풍성하게 된다. 그리고 용서를 얻게 되며 사단이 패하게 된다. 기도는 모든 면에 있어서 하나님과 관련되고, 사람에게 연관된다.

하나님이 가지신 것 가운데 기도해도 주시지 못할 만큼 좋은 것은 없다. 하나님께서 선언하신 보복 가운데 너무 지엄하여 기도 응답으로 취소될 수 없는 것도 없다. 기도로 끌 수 없을 만큼 뜨겁게 타오르는 심판도 없다.

내 기도가 주께 이르렀사오며

다소의 사울에 대한 기록과 하늘의 태도를 살펴보자. "보라 그가 기도하는 중이다."라는 놀라운 상태가 선언되면서 하늘의 태도가 변화되고 그 기록이 지워졌다. 비겁한 요나가 산 채로 바닷물에 흠뻑 젖은 채 바닷가에 내동댕이쳐졌을 때 이런 기도를 하였다.

"내가 스올의 뱃속에서 부르짖었삽더니 주께서 나의 음성을 들으셨나이다. 주께서 나를 깊음 속 바다 가운데 던지셨으므로 큰 물이 나를 둘렀고 주의 파도와 큰 물결이 다 내 위에 넘쳤나이다. 내가 산의 뿌리까지 내려갔사오며 땅이 그 빗장으로 나를 오래도록 막았사오나 나의 하나님 여호와여 주께서 내 생명을 구덩이에서 건지셨나이다. 내 영혼이 내 속에서 피곤해 할 때에 내가 여호와를 생각하였삽더니 내 기도가 주께 이르렀사오며 주의 성전에 미쳤나이다. 여호와께서 그 물고기에게 명하시매 요나를 육지에 토하니라" 욘 2:2-10.

기도는 그 안에 하나님의 모든 힘을 가지고 있다. 기도는 하나님이 가지고 계신 것은 어떤 것이라도 취할 수 있다. 이처럼 기도는 예수 그리스도의 이름으로 모든 간구와 주장을 할 수 있다. 그리고 그 이름을 듣고 주시지 못할 정도로 좋고 큰 것은 없다.

우리가 하나님의 가족이라는 확신을 갖는 일에 있어서 기도보다 더 확실한 것은 없다. 하나님의 자녀들은 기도한다. 그들은 모든 것을 기도로 그에게 아뢴다. 아버지에 대한 믿음은 자녀들이 구하는 것을 통하여 확증된다. 기도 응답은 사람에게 하나님이 존재하며 하나님은 인간과 세상사에 대하여 관심을 가지고 계시는 분임을 깨우쳐 준다. 응답된 기도는 하나님께 가까이 가게 하며 그의 존재를 확신하게 한다. 응답된 기도는 하나님에 대한 우리의 관계와 우리가 그를 대신하는 사람임을 증명해 준다. 하나님께 기도의 응답을 받지 못하는 사람은 하나님을 대표할 수 없다.

기도의 능력은 기도에 응답하시며, 모든 기도에 응답하시며 인간의 무한한 필요를 얼마든지 채워 주시겠다는 하나님의 무한한 약속과 의지, 그리고 능력에서 찾아볼 수 있다. 인간처럼 많은 필요를 가진 존재도 없고, 하나님처럼 인간의 필요에 대해 모든 필요에 대해 그것을 채워 주실 수 있는 분도 그리고 그것을 채워 주는 일에 적극적인 분도 없다.

성도들이 골방에서 인류의 구원을 위해 씨름할 때, 그들의 기도가 이 진리를 선포하지 않는 것은, 설교하면서 인류 구원을 위한 하나님의 뜻을 온전히 선포하지 않는 것과 같다. 하나님의 마음은 모든 인류의 구원에 있다. 이것이 하나님의 관심사이다. 하나님은 그의 아들의 죽음을 통하여 말없는 소리로 이것을 선포하였으며, 그러기에 이 땅에서의 이 목표를 향한 모든 운동이 하나님을 기쁘시게 한다. 따라서 모든 사람의 구원을 위한 우리의 기도는 하나님 보시기에 기쁜 것이라고 선언하신다. 하나님을 기쁘시게 하는 숭고하고 거룩한 감동은 우리로 하여금 모든 사람을 위하여 기도하도록 움직인다. 하나님의 눈은 골방을 향하고 있다. 모든 사람을 위해 넓은 마음으로 애절하게 기도하는 것 이상으로 하나님을 기쁘게 해 드릴 수 있는 것은 없다. 이것이 하나님의 뜻에 대한 우리의 헌신의 표며 하나님께 대한 진심 어린 충성의 증거다.

디모데전서 2:5에서 바울은 가장 강력한 사실을 가지고 기도의 필요성을 강조한다. 인간이며 하나님이신 예수 그리스도는 하나님과 인간 사이의 중보자이시다. 하나님이신 예수 그리스도께서는 모든 사람을 위하여 죽으셨다. 그의 삶은 모든 인간을 위한 간구다. 그리고 그의 죽음은 모든 인간을 위한 하나의 기도다. 지상에서 예수 그리스도는 인간을 위해 간구하는 것보다 더 높은 법도, 더 거룩한 일도, 더 신령한 삶도 알지 못하였다. 하늘에서 그는 인간을 위해 중보하는 것보다 더 귀한 일과 더 고상한 일을 알지 못하신다. 지상에서 그는 인간을 위해 사셨고 인간을 위해 기도하셨다. 그의 생애, 그의 죽음 그리고 그의 승천, 이 모든 것은 인간을 위한 간구였다.

　제자들에게 있어서 자신들의 주님이 행하신 것보다 더 귀한 일이 어디 있겠는가? 인간을 위해 기도하는 것보다 더 귀한 일, 더 고귀한 일, 더 신령한 일이 어디 있는가? 그들의 재앙과 죄악과 고통을 하나님 앞에 가지고 나아가는 것, 그리스도와 하나가 되는 것보다 귀한 일이 어디 있는가? 그들을 얽어매고 있는 속박, 그들을 붙들고 있는 지옥의 줄을 끊고 불멸하며 영원한 생명으로 이끄는 일보다 더 고귀한 일이 어디 있는가?

기도의 진실
The Reality of Prayer

존 크리소스톰
John Chrysostom 347경-407

교부 암브로스

교부 제롬

크리소스톰은 암브로스 Ambrose, 제롬 Jerome 등과 같은 시대를 살며 초기 교회를 이끈 위대한 교부 중 한 사람이다. 타의 추종을 불허하는 빼어난 설교로 대중적인 인기를 얻었으나 스스로에 대해서 엄격하기 그지없는 금욕의 삶을 살았던 그는 그 청렴하고 웅변적인 자세와 사상으로 지금도 복음과 세상 정의를 위해 일생을 바친 자 특유의 향기를 날리고 있다.

크리소스톰은 시리아 안디옥에서 동로마 군대 고위 장군의 아들로 태어났다. 그러나 태어나자마자 부친을 잃고 20세도 안 된 젊은 어머니 안투사 Anthusa의 손에 자라야 했다. 경건한 어머니 아래서 신앙 훈련을 받으며 법률가로 입신할 꿈을 꾸었던 그는 당시 유명했던 이교도 수사학자 리바니오스 Libanius의 문하에서 수학하였다. 리바니오스는 그가 그리스도인이 되지 않았으면 자신의 후계자로 삼았을 것이라고 통탄할 정도로 그의 재능을 높이 샀다.

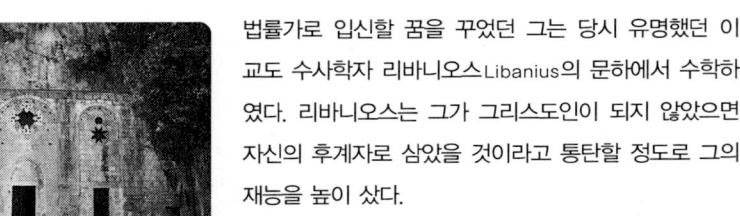

안디옥에 있는 초기 교회 유적

크리소스톰은 안디옥 주교 멜레티우스 Meletius 등에게 신학 교육을 받은 후 370년경 세례를 받았다. 그는 신앙을 위해 법을 포기했고, 어머니 안투사가 세상을 떠난 후에는 안디옥 남부 산악 지방으로 들어가 6년여 동안 철저한 절욕 생활을 하면서 금식과 성경 연구, 명상과 기도로 훗날 위대한 교사가 되는 밑거름을 쌓았다.

건강이 악화되어 안디옥으로 돌아온 그는 386년 안디옥의 사제가 되었으며, 이후로 12년 동안 강단에서 청중의 심금을 울리는 설교를 하였다. '황금의 입'이라는 의미의 '크리소스톰'이라는 이름을 얻은 것도 이때였다. 397년 콘스탄티노플 대주교로 선출되었으나 마다하고 멀리 도주까지 했다가 붙들려 와 내키지 않는 가운데 자리에 올랐다.

크리소스톰(좌측)으로부터 설교책을 받는 비잔틴 황제

그는 설교할 때 비유보다는 평이한 말을 쓰고 성경의 뜻을 일상의 예를 들어 알기 쉽게 설명하여 대중의 마음을 사로잡았다. 오늘날까지 생명력을 유지하며 감화를 끼치는 그의 설교를 엿보자면 아래와 같다.

숱한 파도와 험한 풍랑이 위협하고 있지만 그것들이 우리를 삼켜 버릴까 하고 염려하지 않습니다. 우리는 반석 위에 세워져 있기 때문입니다. 도대체 우리가 무엇을 두려워한단 말입니까? 죽음입니까? 나에게는 그리스도가 생의 전부입니다. 그리고 죽는 것도 나에게는 이득이 됩니다. ······나는 그분의 보증을 갖고 있습니다. 그것이야말로 나의 지팡이요 나의 보호자이며 나의 잔잔한 항구입니다. 그것은 바로 "내가 세상 끝날까지 너희와 항상 함께 있으리라."는 말씀입니다.

크리소스톰이 시무했던 하기아 소피아 대성당

기도의 진실
The Reality of Prayer

그의 명성과 영향력이 커져 가는 만큼 그를 적대시하는 무리도 늘어 갔다. 그는 가난하고 소외된 사람들의 비참한 삶을 자신의 것으로 받아들였으며, 성직자와 귀족들의 부패상을 개혁하는 동시에 기득권층의 도에 넘는 사치와 탐욕을 신랄하게 비판했다.

이런 그에게 많은 사람들이 뜨거운 지지와 신망을 보냈으나, 그의 강직함에 불만을 품은 이들은 그를 제거할 모의를 하기에 여념이 없었다. 특히 황실의 허례허식과 향락을 준엄하게 꾸짖는 그의 설교는 황비 에우독시아Eudoxia와 알렉산드리아 총대주교 테오필로스Theophilus의 분노를 사기에 충분했다.

결국 403년, 적대자들의 음모로 크리소스톰은 대주교직을 박탈당하고 귀양길에 올랐다. 황비의 일시적인 변덕으로 잠시 귀환하기도 했으나 그의 올곧은 성정은 변치 않았고, 이듬해 부활 예식을 거행하는 도중에 황제의 명을 받은 군인들에게 끌려 나와 종신 유배를 떠나게 되었다. 그리고 407년 9월 14일, 그 유배길에서 고단한 두 눈을 감았다.

150cm의 작은 체구였지만 크리소스톰은 결코 세상을 두려워하지 않았다. 세속적 부귀와 편의주의 앞에서 진정 자유로웠던 그가 경외하였던 존재는 오직 단 한 분, 하나님뿐이었다. 수많은 명강론과 저서를 남겼으나 그는 결코

알렉산드리아의 테오필로스
동전에 새겨진 에우독시아 황후

에우독시아 황후 앞에서
설교하는 크리소스톰

인간의 헛된 이론이나 지식에 근거하지 않았다. 그가 유일하게 의지한 것은 하나님이 주시는 살아 있는 말씀이었다. 그리고 그만큼 그는 하나님과 소통하는 수단이자 조건인 기도의 중요성을 깨닫고 있었다. 동시대의 어느 교부보다 질곡 있는 삶을 살아야 했던 그이기에 더욱더 명징하게 어떤 고난도 기도를 통해서 극복할 수 있음을 통찰하였다. 기도야말로 인간의 가난하고도 부족한 것을 더할 나위 없이 풍요롭게 채워 주시고자 하는 하나님의 선하신 의지에 맞닿는 귀한 통로임을 꿰뚫어 보았다.

종신 유배를 떠나는 크리소스톰

세월을 뛰어넘어 진리를 전하는 그의 아름다운 설교의 진정한 힘 역시 그가 진즉에 알아차렸던 기도의 능력에서 나온 것이 아니고 무엇이겠는가?

기도의 능력이 불의 세력을 정복하였으며 사자들의 입을 다물게 하였고 무질서를 평온으로 이끌었고 전쟁을 그치게 하였다. 또 폭풍우를 일으킨 귀신들을 쫓아내었고 죽음의 쇠사슬을 끊어 버렸으며 하늘의 문을 넓혔으며 질병을 고쳤고 사기꾼들을 몰아냈다. 도성들을 멸망에서 보존시켰으며 태양을 머물게 하였고 벼락의 방향을 조정하기도 하였다. 기도는 무엇이든지 막을 수 있는 갑옷이자 가치가 떨어지지 않는 보배이며 결코 고갈되지 않는 광산이기도 하고 구름에 가리지 않는 하늘이며 폭풍에 의해서도 파문이 일어나지 않는 하늘이다. 그것은 수없이 많은 축복의 뿌리요 샘이요 근원이다.

크리소스톰(중앙)과 성도들

Part 2. 예수님과 기도

The Reality of Prayer

5

예수님은 기도의 교사다

내 벗이 여행 갔다가 내게 왔으나 내놓을 것이 없었네! 그는 문을 두드리며 "벗이여 떡 세 덩어리를 내게 빌려 주오."라고 했다. 그는 잠시 기다리더니 다시 문을 두드리며 "벗이여 떡 세 덩어리가 필요하오!"했다. "나를 괴롭게 하지 말게. 문이 이미 닫혔으니 일어나 자네에게 줄 수가 없네!" 그는 잠시 그대로 있더니 집으로 돌아갔다. 그리고 다시 와서 문을 두드리며 "친구여!" 하고 외쳤다. 그는 귀를 문에 대었다. 안에서 소리가 나더니 촛불의 빛이 문틈으로 새어 나왔다. 문빗장이 열리면서 떡 덩어리 세 개만 가져 온 것이 아니라 필요한 만큼 많이 가지고 왔다. "내가 또 너희에게 이르노니 구하라 그러면 너희에게 주실 것이요 찾으라 그러면 찾을 것이요 문을 두드리라 그러면 너희에게 열릴 것이다." _ 알렉산더 화이트

신령한 기도의 교사

예수 그리스도는 기도의 신령한 교사이다. 그 능력과 성격은 옛적의 선지자들과 성도들에 의해서 설명되어 왔다. 그러나 현대의 성도들과 교사들은 기도의 영감과 생명력을 잃었다. 종교적으로 죽은 교사들과 피상적인 교회들은 기도하는 것이 무엇인지를 잊었다. 그들은 공개적으로 또 국가적으로 크게 과시하면서 기도에 대한 말을 많이 하지만 기도는 하지 않았다. 그들에게 있어서 기도란 잊혀진 관습이 되었다. 그들은 기도에 대하여 많이 말하지만 기도하는 법은 잊었다.

주님이 지상에 계실 때, 제자들은 그리 경건한 삶을 살지 못했다. 그들은 그리스도와의 개인적 사귐에 만족했다. 그들은 주님의 말씀에 매료되었으며, 그의 기적에 흥분했으며, 그의 인격과 사명 속에서 자신들의 이기적인 관심이 일구어내는 희망을 즐기고 있었다. 예수님의 인품에 대한 피상적이고 세상적인 관점에 사로잡힌 그들은 주님과 주님의 사역에 속한 더 깊고 더 중요한 것들을 무시하고 간과했다. 마땅히 해야 하고 당연히 해야 할 의무를 무시하는 것이 그들의 행위에서 드러나는 특징이었다. 이런 면에서 그들의 행위는 너무 분명하였기에 한때는 그것이 심각한 질문의 대상이 되었고 다른 때에는 책망의 대상이 되었다.

"저희가 예수께 말하되 요한의 제자는 자주 금식하며 기도하고 바리새인의 제자들도 또한 그리하되 당신의 제자들은 먹고 마시나이다 예수께서 저희에게 이르시되 혼인집 손님들이 신랑과 함께 있을 때에 너희가 그 손님으로 금식하게 할 수 있느뇨 그러나 그날에 이르러 저희가 신랑을 빼앗기리니 그날에는 금식할 것이니라."

예수 그리스도의 본과 가르침에서, 기도는 하나님의 인격이심, 하나님의 역사 그리고 하나님의 아들과의 정상적인 관계를 전제로 한다. 예수 그리스도는 근본적으로 가르침과 본을 사용하는 기도의 교사였다. 우리는 곳곳에서 예수님의 기도를 볼 수 있는데, 그것은 마치 색인처럼 그의 생애의 각 페이지와 장, 권마다 기도가 가득한 것을 보여 준다. 그러한 기도 목록은 그의 생애 어느 부분에만 있는 것이 아니라 그의 생애 전체에 나타나 있다. 그의 생애는 기도의 생애였다. 성경에서는 "그는 육체에 계실 때에 자기를 죽음에서 능히 구원하실 이에게 심한 통곡과 눈물로 간구와 소원을 올렸다."라고 기록하고 있다. 그는 간구하는 자들 가운데 간구하는 자였고 중보자들 가운데 중보자였다. 그는 가장 낮은 자세로 하나님께 나아갔으며 가장 강렬한 탄원으로 기도하고 간구하였다.

예수 그리스도는 제자들에게 기도하라는 절박한 요구를 통해 기도의 중요성을 가르쳤다. 그러나 그는 우리에게 그것 이상을 제시하고 있다.

그는 기도가 하나님의 목적에 얼마나 깊이 부합되는가를 보여 주고 있다. 우리는 예수 그리스도와 하나님과의 관계는 구하고 주는 관계, 즉 아들은 끊임없이 구하고 아버지는 끊임없이 주는 관계임을 늘 명심해야 한다. 우리는 하나님께서 그리스도의 정복하고 유업을 받고 확대하는 힘을 기도에 두셨다는 사실을 결코 잊어서는 안 된다. "내게 구하라 내가 열방을 유업으로 주리니 네 소유가 땅끝까지 이르리로다" 시 2:8.

이 말씀은 아들이 세상의 중보자로 보좌에 오를 때, 그리고 그가 사명을 받고 보냄을 받을 때 은혜와 능력을 받는 일에 대해 주신 하나님의 선포요 보편적인 조건이었다. 이것을 통하여 우리는 그리스도가 그의 소유와 유업을 받는 유일한 조건으로서 얼마나 기도를 강조하셨는지를 자연스럽게 배울 수 있다.

믿고 구한 것은 무엇이든지

기도에 대한 이 연구에서 필연적으로 여러 사상이 서로 교차하고 동일한 구절이나 사건이 여러 번 언급되는데, 그것은 한 본문이 한 가지 이상의 진리를 가르치기 때문이다. 기도의 광범위한 포괄성에 관해 말할 때에도 그렇다. 예수님이 기도에 대하여 말할 때 얼마나 포괄적인가! 범위나 대상에 제한이 없다.

기도에 대한 약속들은 그 크기와 넓이와 보편성에 있어서 마치 하나님과 같다. 성격상 이들 약속들은 하나님과 관련이 있다. 영감, 창조력 및 결과에 있어서 그렇다. 하나님 외에 어느 누가 감히 "믿고 구한 것은 무엇이든지 받는다."라고 말하겠는가? 하나님 외에 누가 "무엇이든지"라고 할 수 있겠는가? 인간도, 우연도, 인과의 법칙도 변화하고 제한되고 조건이 붙지 않는 것은 없으며, 모든 것을 지도하고 결론지을 수 있는 능력이 없다. 그러므로 그것들은 모든 것을 주고 이끌겠다는 약속을 할 수 없다.

예수님이 사용하신 예화 및 사건들은 기도의 필요성과 중요성을 강조하기 위한 것이었다. 그의 기적들은 기도에 대한 비유일 뿐이다. 거의 모든 것 속에 기도의 모습이 분명히 나타나며 또 어떤 것은 예화적으로 설명되고 있다.

수로보니게 여인의 사건은 강청하는 기도의 능력과 성공을 아주 잘 설명해 주는 예이다. 소경 바디매오의 경우도 그와 같은 점을 지적해 주고 있다. 야이로와 백부장의 사건도 기도를 설명하며 강조한다. 바리새인과 세리의 비유는 겸손한 기도를 강조하며, 기도의 놀라운 결과를 선언하며, 그릇된 기도의 무가치성과 허구를 지적하고 있다. 교회의 권징을 실천하지 못하는 것과 쉽게 형제애를 깨뜨리는 것, 이 모든 것은 마태복음 18:19에서 합심 기도의 놀라운 결과를 나타내기 위해 사용되었다.

그리스도가 말하는 것은 합심 기도였다. 둘이 하나가 되는 것, 성령에 의해 마음이 완전한 조화를 이룬 두 사람을 말하는 것이다. 그때 그들이 구하는 것은 모두 이루어진다. 여기서 그리스도가 말하는 바는 범죄한 사람을 회복시키거나 아니면 출교시킴으로 어떻게 형제의 교제가 유지되며 또한 어떻게 모든 것이 일치를 이루는가에 관한 것이다. 그리스도의 참다운 형제로 있으면서 그 형제 관계가 깨어지지 않고 유지되도록 노력하는 교인들은 합심하여 하나님께 간구할 것이다.

산상수훈의 기도

산상수훈에서 그리스도는 헌장과 같은 원리를 제시한다. 모형과 그림자가 물러가고 영적 생활의 법이 선포된다. 이러한 기독교 체계의 기초 위에서 기도는 최고는 아니라 해도 아주 분명한 위치를 차지하고 있다. 그것은 행동과 위로의 영역에서 볼 때 광범위하고 포괄적일 뿐만 아니라 모든 의무에 대해 보조적이다. 다른 사람에게 친절하게 요구하는 것, 사려 깊은 심판을 하는 것, 행위의 황금률도 기도와 연관되어 있다.

그리스도는 다른 법률적인 약속들 사이에 기도를 끼워 놓았다. 그는 기도를 자연법칙에 내맡기지 않았다. 필요, 수요와 공급의 법, 무기력함의 법, 자연적 본능의 법, 혹은 아름답고 귀하고 매력적인 특권의 법, 이 모든 것은 그것이 아무리 강한 행동 동기를 가지고 있다 해도 기도의 기초가 되지 못한다. 그리스도는 기도의 기초로 영적인 법을 제시하신다. 인간은 기도해야만 한다. 기도하지 않는 것은 단순한 결여나 할 것을 하지 않는 것이 아니라, 적극적으로 법과 영적 삶을 침해한 것이며, 범죄이고 혼란과 파멸을 가져오게 하는 것이다. 기도는 범세계적이며 영원히 미치는 법이다.

산상수훈에서 많은 중요한 교훈들이 단 한 줄 혹은 한 구절로 처리된 반면 기도에 관한 주제는 많은 분량을 차지하고 있다. 그리스도는 거듭거듭 기도를 언급한다. 그리스도는 기도의 능력과 필요성을 아버지와 자녀, 먹을 것을 달래고 보채는 자녀와 자녀가 구한 것을 주는 아버지의 관계에 근거하여 말하였다. 기도와 그 응답은 아버지와 자녀의 관계에 있는 것이다. 기도의 본질과 필요에 대한 예수 그리스도의 가르침은 그의 생애에 기록에서 나타나는 것처럼 아주 두드러진다.

예수님은 사람들에게 골방으로 들어가라고 하신다. 기도는 거룩한 행위여야 하고 허구나 교만으로 오염되어서는 안 되는 것이다. 그것은 은밀하게 이루어져야 한다. 제자는 은밀한 곳에서 사는 법을 배워야 한다. 하나님은 그 곳에 계시며 그 곳에서 찾아야 하며 그 곳에서 찾아진다. 그리스도는 교만과 사람에게 보이려는 기도는 피해야 한다고 명령했다. 기도는 은밀한 중에 해야 하는 것이다.

"너는 기도할 때에 네 골방에 들어가 문을 닫고 은밀한 중에 계신 네 아버지께 기도하라 은밀한 중에 보시는 네 아버지께서 갚으시리라."

심령이 가난한 자와 기도

팔복은 신령한 성품을 풍요하게 하고 아름답게 하는 것뿐만 아니라, 그런 성품을 세워가는 기초가 되는 재질이다. 팔복 중 제일 첫 번째 복은 영적 성품의 기초가 기도임을 확고히 한다. 단순히 영적 성품을 아름답게 꾸미는 것이 아니라 그 성분인 것이다. "심령이 가난한 자는 복이 있나니." "가난"하다는 말은 구걸하며 연명하는 거지를 의미한다. 진정한 그리스도인은 타인의 풍성함을 의지하여 사는데, 그 풍성함은 구함으로 얻는다. 그러므로 기도는 그리스도인의 성품과 그리스도인의 일과 그 생애와 삶의 기초가 된다. 그리스도인의 존재의 중심에 기도를 놓은 것, 이것이 기도에 관한 그리스도의 법이다. 이것이 그리스도인의 첫 걸음이며 첫 호흡이다. 그리하여 이것은 이후 그의 삶의 모든 것을 장식하고 결정한다. 심령이 가난한 자는 복이 있다. 그것은 그런 자만이 기도를 할 수 있기 때문이다.

> 기도는 그리스도인의 생명의 호흡,
> 그리스도인 본향에 있는 공기,
> 죽음의 문에서 내보이는 암호,
> 그리스도인은 기도로 천국에 들어간다.

기도를 통해 그리스도는 모든 자기 만족과 교만과 영적 자만을 제거시킨다. 심령이 가난한 자는 기도하는 사람이다. 구걸하는 사람이 하나님의 왕자들이다. 그들은 하나님의 유업을 이을 자들이다. 그리스도는 기도 제단의 규례에서 유대 전통의 시시한 것과 겉치레들을 제거한다.

"옛 사람에게 말한 바 살인치 말라 누구든지 살인하면 심판을 받게 되리라 하였다는 것을 너희가 들었으나 나는 너희에게 이르노니 형제에게 노하는 자마다 심판을 받게 되고 형제를 대하여 라가라 하는 자는 공회에 잡히게 되고 미련한 놈이라 하는 자는 지옥 불에 들어가게 되리라 그러므로 예물을 제단에 드리다가 거기서 네 형제에게 원망들을 만한 일이 있는 줄 생각나거든 예물을 제단 앞에 두고 먼저 가서 형제와 화목하고 그 후에 와서 예물을 드리라 너를 송사하는 자와 함께 길에 있을 때에 급히 사화하라 그 송사하는 자가 너를 재판관에게 내어 주고 재판관이 관예에게 내어 주어 옥에 가둘까 염려하라 진실로 네게 이르노니 네가 호리라도 남김이 없이 다 갚기 전에는 결단코 거기서 나오지 못하리라."

성난 마음으로, 헤풀어진 입술로, 화목하지 않은 마음으로, 이웃과의 불화를 해결하지 않은 채로 하나님께 함부로 기도하는 사람은, 없는 것보다 못한 일에 힘을 쏟는 것이며 자기의 죄를 더하는 사람이다.

그리스도의 기도의 법

그리스도의 기도의 법은 얼마나 정확한가! 그것은 마음으로 파고 들어가서 그 마음에 사랑이 자리잡을 것과 형제에 대한 사랑을 요구한다. 기도의 제사는 마음속으로부터 나오는 사랑에 의해 향기를 풍겨야 하고 맛을 내야 한다. 기도의 법도 사랑이며, 기도를 하게 하시는 것도, 기도의 영감을 주는 것도 사랑이다.

기도는 반드시 해야 된다. 하나님께서 기도하기를 원하신다. 하나님이 기도를 명하신다. 인간은 기도를 필요로 하며 반드시 해야 한다. 기도하면 반드시 무엇인가 나타난다. 왜냐하면 사람이 진지하게 그리고 열심히 기도하면 무엇인가 나타나도록 하나님이 개입하시기 때문이다.

예수께서는 "구하라 그리하면 주실 것이요"라고 가르치신 후 참된 기도에 대하여 그리고 더 많이 기도할 것에 대하여 권고하셨다. 그는 거듭 "구하는 자마다 받을 것이요"라고 확신시키고 있다. 예외가 없다. "모든 사람이다." "찾는 이마다 찾을 것이요." 다시 한번 무한한 진실함으로 그 약속을 인치신다. 그런 후 "문을 두드리라 열릴 것이요"라는 신적인 선서로 인친 후 싸인하여 끝을 맺는다. 하나님과 우리의 관계를 통해 우리가 기도하도록 얼마나 격려받는가를 다음 말씀을 통해 볼 수 있다.

> "너희가 악한 자라도 좋은 것으로 자식에게 줄 줄 알거든 하물며 하늘에 계신 너희 아버지께서 구하는 자에게 좋은 것으로 주시지 않겠느냐."

이 세상에서 이루어지는 하나님의 역사 및 통치와 기도와의 관계는 예수 그리스도의 가르침과 실천을 통하여 거의 완전하게 설명된다. 그리스도는 모든 방법과 모든 일에 있어서 처음이시다. 또 그는 교회의 지도자들 가운데서 탁월하게 앞선 분이시다. 그는 보좌에 앉으신 분이다. 황금 면류관이 그의 것이다. 그가 입은 흰옷은 무엇보다도 희고 아름답다. 기도 사역에 있어서 그는 하나님이 주신 본이며 동시에 하나님이 주신 교사이다. 그의 본은 풍부하며 그의 기도에 대한 가르침은 풍성하다. "항상 기도하고 낙망치 말아야 된다."고 하시고 그 가르침을 설명하기 위해 과부와 불의한 재판관의 비유를 하셨다. 이 가르침이 얼마나 단호한가! 기도는 필수다. 항상 기도해야 한다는 것은 틀림이 없고 피할 수 없는 사실이다. 기도하고 낙망치 않기 위해서는 용기와 인내, 끈질김이 필요하다.

"하물며 하나님께서 그 밤낮 부르짖는 택하신 자들의 원한을 풀어 주지 아니하시겠느냐 저희에게 오래 참으시겠느냐."

이것은 주님의 강력하고도 노여우신 질문이요 확인이다. 사람은 그리스도의 가르침대로 기도해야 한다. 사람은 기도할 때 피곤해 하거나 낙망치 말아야 한다. 진실한 사람의 끈질긴 기도로 얻는 것이 많음은 하나님의 성품이 확실하게 보증한다.

"주는 그리스도시요 살아 계신 하나님의 아들이시니이다"라고 한 베드로의 고백과 그에게 주어진 계시는 분명히 우리 주님의 기도와 깊은 관련이 있다. 기도는 우리가 함께 하는 사람들에게 강한 영향을 준다. 그리스도는 기도로 제자들을 택하시고 보존하셨다. 그의 열 두 제자는 그의 기도에 큰 감명을 받았다. 아무도 그분처럼 기도한 사람은 없다. 그의 기도는 그 당시 사람들이 거리에서, 회당에서, 성전에서 듣고 보아온 냉랭하고 교만하며 자기 의에 빠진 기도와 전혀 다른 것이었다.

기도를 가르쳐 주옵소서

예수님이 세상에 와서 가르치고 설명하려고 한 것들 가운데 하나가 기도임을 잊지 말아야 한다. 인간에게 이 위대한 기도의 교훈을 가르치는 일은 하늘에서 이 땅으로 오실 만큼 가치 있는 것이었다. 이것은 위대한 교훈이었지만 한편으로는 인간이 아주 배우기 어려운 교훈이기도 했다.

당연히 인간은 이 기도의 교훈을 배우는 일을 거역했다. 이 교훈은 아주 간소한 것이지만 하나님 외에는 아무도 그것을 가르칠 수 없다. 그것은 멸시받는 구걸이지만 숭고한 하늘에 속한 소명이다. 제자들은 아주 어리석은 사람들이었지만, 주님이 기도하는 것과 기도에 대해 말씀하시는 것을 듣고 깨우침을 얻어 기도하게 되었다.

그리스도의 인격을 나누어 갖는 일은, 비록 그것의 필요와 의존성에 대한 가장 온전하고 지고한 의미에서 볼 때, 나누어지지 않았고 또 나누어질 수도 없었지만, 그리스도는 그의 제자들에게 일반적인 면에서 기도의 깊고 깊은 필요성을 심어 주려고 노력하였을 뿐만 아니라 그들의 개인적 영적인 필요에 있어서도 기도의 중요성을 심어 주려고 하셨다. 그러던 가운데 보다 깊고 보다 철저하게 기도를 배워야 할 필요성과 이 면에 있어서 자신들이 심히 소홀하였음을 인식하는 때가 왔다. 그들이 이런 깊은 자각을 하고 진지하게 문의하는 때들 가운데 한번은 주님께서 어느 곳에서 기도하실 때였다. 그들은 주님을 보고 이렇게 말했다.

"주여 요한이 자기 제자들에게 기도를 가르친 것과 같이 우리에게도 가르쳐 주옵소서."

제자들은 예수님께서 기도하는 것을 들으면서 자신들이 기도에 대해 무지하고 부족한 것을 절실하게 느꼈다. 누가 그 같은 부족과 무지를 느끼지 않았겠는가? 누가 그 신령한 기도법을 가르쳐 달라고 요청하지 않겠는가?

기도할 때에 이렇게 하라

이들 열 두 제자들이 기도가 부족하다는 깨달음을 얻게 된 것은 주님의 기도를 듣고 기도하시는 것을 보는 데서 비롯되었다. 그렇지만 이와 같은 느낌은 그들이 세례 요한이 자기 제자들에게 했던 기도의 훈련과 비교해 볼 때도 그랬다. 그들은 주님의 기도를 들었을 때에(분명 그들은 주님이 기도할 때에 보았고 들었을 것이다. 주님의 기도는 놀랍도록 간결하고 능력 있었으며, 인간적이면서도 신령한 기도였을 것이다), 그 기도는 그들을 매료시켰다. 기도하시는 예수님의 모습을 보고 그 기도 소리를 들으며 그들은 아주 심각하게 기도의 무지와 부족을 느꼈다. 누가 그와 같은 무지와 부족을 느끼지 않았겠는가?

우리는 주님께서 이들 열 두 제자를 가르치신 교육을 아쉬워하지 않는다. 왜냐하면 그들을 가르치는 과정에서 우리도 가르치시기 때문이다. 그 교훈은 그리스도의 법에서 이미 배운 것이다. 그러나 그들은 너무나 우둔하였으므로 신령한 기도의 기술을 교육시킬 때에 끈질기게 반복하고 또 반복해야 했다. 우리도 역시 너무나 우둔하고 재주가 없어서 무엇보다도 중요한 기도의 교육에 있어서 정말 끈질기고 인내심 있는 반복적인 교육이 필요하다.

이 신령한 기도의 교사는 하나님이 기도를 확실히, 분명히 그리고 반드시 응답하신다는 사실과, 자녀들의 임무는 구하고 강청하고 아버지는 응답하여서 구한 것을 주시게 되어 있다는 점을 분명히 제시한다. 그리스도의 가르침에서 기도는 열매 없고 헛된, 단순한 의식이나 형식이 아니라, 응답에 대한 요구이며 구한 것을 얻는 간청이며 크고 좋은 것을 하나님께 구하는 것이다. 그것은 구한 것을 얻는 것이요, 찾은 것을 찾는 것이요, 두드린 곳에 들어가는 것이다.

믿음과 기도와 능력

예수님께서 변화산에서 내려 오셨을 때는 중요한 사건이 일어났다. 예수님께서는 제자들이 그들의 적 앞에서 패배하고 부끄러움을 당하고 당황하고 있는 것을 발견하셨다. 어떤 아버지가 귀신들린 아들을 데려와 귀신을 쫓아내 줄 것을 원했다. 제자들은 그렇게 하려 했으나 실패했다. 그들은 예수님께 임명받고 그 일을 수행하도록 보냄을 받았지만 실패하고 말았던 것이다.

"집에 들어가시매 제자들이 종용히 묻자오되 우리는 어찌하여 능히 그 귀신을 쫓아내지 못하였나이까."

그들의 믿음은 기도로 배양되지 않았다. 그들은 그 일을 할 수 있는 능력을 갖는 데 실패하기 전에 이미 기도에서 실패했다. 하나님의 일을 하는 데 필요한 한 가지 일은 기도였다. 하나님께서 우리에게 하라고 하신 일은 기도 없이는 이루어질 수 없다.

기도에 관한 그리스도의 가르침에서 우리는 또 다른 중요한 말씀을 찾을 수 있다. 그것은 열매 없는 무화과나무에 대한 저주와 관련된 것이다.

"내가 진실로 너희에게 이르노니 누구든지 이 산더러 들리어 바다에 던지우라 하며 그 말하는 것이 이룰 줄 믿고 마음에 의심치 아니하면 그대로 되리라 그러므로 내가 너희에게 말하노니 무엇이든지 기도하고 구하는 것은 받은 줄로 믿으라 그리하면 너희에게 그대로 되리라."

이 구절에는 믿음과 기도, 그리고 이 둘의 가능성과 능력이 결합되어 있다. 무화과나무는 주님의 말씀으로 뿌리까지 말라 버렸다. 그 신속성과 능력 때문에 제자들은 놀랐다. 예수님께서는 그들에게 그것이 놀랄 만한 일도, 어려운 일도 아니라고 말씀하셨다. "믿음이 있으면." 그 능력은 작은 무화과나무에만 제한되는 것이 아니라 거대한 바위로 덮여 있는 산까지도 뿌리채 뽑아 바다에 던져 넣을 수 있다. 기도는 믿음의 이러한 거대한 능력을 나타나게 하는 지렛대다.

기도와 영적 추수

우리 주님께서 목자 없는 양같이 유리하며 고생하는 무리들을 보시고 심히 불쌍히 여기셨던 일을 다시 언급하는 것이 좋을 것 같다. 그때 주님은 제자들에게 "추수할 것은 많되 일군은 적으니 그러므로 추수하는 주인에게 청하여 추수할 일군들을 보내어 주소서 하라"마 9:37-38고 하셨다. 이것은 하나님이 원하시는 사람들을 이 사역에 불러들이는 일은 하나님께 속한 것이며, 또 기도에 대한 응답으로 성령께서 이 일을 하신다는 점을 분명히 가르치신 것이다.

기도는 하늘의 수확을 위해 땅에서 거두어들이는 데 필요한 일꾼들을 확보하는 일에 있어서 과거에 그랬던 것처럼 현재에도 필요한 것이다.

하나님의 교회는 이처럼 중요하고 확실한 교훈을 알고 있는가? 하나님만이 일꾼을 선택하여 파송할 수 있으며, 이러한 선택은 하나님이 사람이나, 교회나, 교회회의나, 노회 혹은 대회에 위임하시지 않으신다. 그리고 하나님은 사역을 위해 사람을 부르시는 이러한 위대한 일을 기도에 맡기신다.

이 땅의 밭은 이미 썩어가고 있다. 기도가 없기 때문이다. 일꾼이 모자란다. 하나님과 함께하는 기도가 없기 때문에 밭이 그대로 내버려져 있다.

우리 주님의 기도에 관한 고귀한 가르침에 기도의 약속과 기도의 능력이 분명히 드러나 있다.

"너희가 내 안에 거하고 내 말이 너희 안에 거하면 무엇이든지 원하는 대로 구하라 그리하면 이루리라" 요 15:7.

이 말씀에는 생명에 대한 확고한 태도가 기도의 조건으로서 나타나 있다. 어떤 위대한 원리 혹은 뜻에 대한 확고한 태도가 아니다. 생명에 대한 확고한 태도이며 예수 그리스도와 연합된 것이다. 주 안에 살며, 주 안에 거하고, 주와 하나가 되고, 주님으로부터 모든 생명을 이끌어 내며, 모든 생명이 주님으로부터 나와 우리를 통해 흘러나가도록 하는 것. 이것이 기도의 태도이며 기도의 능력이다. 주 안에 거하는 것과 주의 말씀이 우리 안에 거하는 것은 분리될 수 없다. 기도가 시작되고 기도가 계속되기 위해서는 반드시 말씀이 우리 안에 거해야 한다.

구약의 성도들은 "……주의 말씀을 주의 모든 이름 위에 높게 하셨음이라"고 배웠다. 신약의 성도들은 말씀이신 그의 입술에서 나오는 말씀에 완전히 순종함으로 그 말씀을 존귀케 하는 법을 배워야 한다. 그리스도 밑에서 기도하는 사람들은 모세 밑에서 기도하는 사람들이 이미 배웠던 "사람이 떡으로만 사는 것이 아니요 여호와의 입에서 나오는 모든 말씀으로 사는 줄을 너로 알게 하려 하심이니라"는 것을 배워야 한다. 우리를 통해 흘러나가는 그리스도의 생명과 우리 안에 거하는 그리스도의 말씀, 이것이 기도에 능력을 준다. 그 말씀들이 기도에 영을 불어넣으며 기도의 뼈와 살과 피를 이룬다. 그렇게 되면 내 안에서 그리고 나를 통해 그리스도께서 기도하시며 "내가 하겠다."는 모든 것은 하나님의 뜻이 된다. 나의 의지가 법이 되며 응답이 되는 것이다. "무엇이든지 원하는 대로 구하라 그리하면 이루리라"고 기록되어 있기 때문이다.

열매 없는 자는 기도할 수 없다

주님께서는 기도하는 것에 앞서 열매 맺는 일에 대해 언급하셨다.

"너희가 나를 택한 것이 아니요 내가 너희를 택하여 세웠나니 이는 너희로 가서 과실을 맺게 하고 또 너희 과실이 항상 있게 하여 내 이름으로 아버지께 무엇을 구하든지 다 받게 하려 함이니라."

열매 없는 자는 기도할 수 없다. 열매를 맺을 수 있는 능력과 실재를 경험한 자만이 기도할 수 있다. 그것은 과거의 열매가 아니라 현재의 열매다. "너희 과실과 항상 있게 하여"라고 했다. 열매를 맺는 삶, 즉 생산적인 삶이 기도의 조언과 자원이다.

"그날에는 너희가 아무것도 내게 묻지 아니하리라 내가 진실로 진실로 너희에게 이르노니 너희가 무엇이든지 아버지께 구하는 것을 내 이름으로 주시리라 지금까지는 너희가 내 이름으로 아무것도 구하지 아니하였으나 구하라 그리하면 받으리니 너희 기쁨이 충만하리라."

"지금까지는 너희가 내 이름으로 아무것도 구하지 아니하였으나"라는 말은 수수께끼를 푸는 것도 아니요 신비한 것을 밝히는 것도 아니요 흥미 있는 질문도 아니다. 이것은 성령 시대에서의 우리의 태도나 우리의 일이 아니라 기도하는 것, 즉 크게 기도하는 것을 말한다. 참되게 많이 기도하는 것은 인간의 기쁨을 증진시키며 하나님의 영광을 높이는 것이다.

"내 이름으로 무엇이든지 내게 구하면 내가 시행하리라"고 그리스도께서 말씀하셨기 때문에 아버지께서 주실 것이다. 아버지와 아들께서 우리가 구한 바로 그것을 주신다고 보증하셨다. 그러나 조건은 "그의 이름"으로 구하는 것이다. 이것은 그의 이름이 마력적이거나 마술에 의한 가치를 가지고 있다는 것을 의미하지 않는다. 그것은 아름다운 진주 장식에 새겨진 그의 이름이 기도에 가치를 준다는 의미가 아니다. 그것은 감상에 젖어 있으면 윤색되어 있는 그의 이름이, 기도와 행위 없이도 어떤 결과를 초래한다는 말이 아니다.

"그날에 많은 사람이 나더러 이르되 주여 주여 우리가 주의 이름으로 선지자 노릇하며 주의 이름으로 귀신을 쫓아내며 주의 이름으로 많은 권능을 행치 아니하였나이까 하리니 그때에 내가 저희에게 밝히 말하되 내가 너희를 도무지 알지 못하니 불법을 행하는 자들아 내게서 떠나가라 하리라."

얼마나 두려운 말씀인가! 그의 이름으로 어떤 기적을 행하는 이들과 위대한 사람들이 당할 파멸과 낭패는 얼마나 클 것인가!

그것은 감상이나 장광설이나 미사여구를 훨씬 초월한 것이다. 그것은 그의 자리에 서는 것, 그의 품성을 지니는 것, 그가 주장하는 모든 것, 즉 의, 진리, 거룩 그리고 열성을 주장하는 것을 의미한다. 그것은 예수께서 영과 의지와 목적에 있어서 하나님과 하나를 이루신 것같이 하나 됨을 의미한다. 그것은 우리의 기도가 그의 아들을 통해 하나님의 영광만을 위하는 것임을 의미한다. 그것은 우리가 그 안에 거하며 그리스도가 우리를 통하여 기도하시고 우리 안에 거하시고 우리를 통해서 빛남을 의미한다. 또한 우리가 하나님의 뜻에 따라 성령님에 의해서 기도하는 것을 의미한다.

제자들까지도 깊은 잠에 빠지게 한 겟세마네의 어둠 속에서도 그리스도는 잠에 빠져 있는 제자들에게 "시험에 들지 않게 깨어 있어 기도하라 마음에는 원이로되 육신이 약하도다"라는 아주 예리한 경고를 던지고 있다. 그러한 경고를 듣는 것이, 그리고 우리 생애의 큰 위기만을 위해서가 아니라 역경과 위험으로 점철된 삶의 현장과 떨어질 수 없고 지속적으로 참여하는 자로서 필요한 능력을 일깨우는 것이 얼마나 필요한가.

내 이름으로 무엇이든지 구하면

그의 지상 사역의 마지막이 가까와 옴에 따라, 더 크고 더 강력한 성령의 시대가 다가옴에 따라, 기도에 대한 그리스도의 가르침은 더 심오하고 더 높은 차원으로 변화하였다. 이제는 졸업반이 된 것이다. 주님과 기도와의 관계는 더 친밀하고 더 절대적으로 되었다. 그는 기도

가운데 시작부터 마지막까지, 처음부터 끝까지 구원과 관련한 자신의 신분을 드러냈다. 그의 이름은 전능하게 되었고 그의 이름으로 기도할 수 있는 믿음으로 말미암아 능력 있는 일들이 시행되게 되었다. 그의 성품처럼 그의 이름은 모든 필요를 충족시키며 모든 세계를 포용하고 모든 선을 얻게 한다.

"나는 아버지 안에 있고 아버지는 내 안에 계신 것을 네가 믿지 아니하느냐 내가 너희에게 이르는 말이 스스로 하는 것이 아니라 아버지께서 내 안에 계셔 그의 일을 하시는 것이라 내가 아버지 안에 있고 아버지께서 내 안에 계심을 믿으라 그렇지 못하겠거든 행하는 그 일을 인하여 나를 믿으라 내가 진실로 진실로 너희에게 이르노니 나를 믿는 자는 나의 하는 일을 저도 할 것이요 또한 이보다 큰 것도 하리니 이는 내가 아버지께로 감이니라 너희가 내 이름으로 무엇을 구하든지 내가 시행하리니 이는 아버지로 하여금 아들을 인하여 영광을 얻으시게 하려 함이라 내 이름으로 무엇이든지 내게 구하면 내가 시행하리라."

아버지와 아들과 기도하는 사람은 모두 함께 결합되어 있다. 모든 것이 그리스도 안에 있으며 모든 것이 그의 이름으로 하는 기도 안에 있다.

"너희가 내 이름으로 무엇이든지 구하면."

하나님의 거대한 창고를 여는 열쇠가 기도이다. 그리스도가 한 일보다 더 큰 일을 할 수 있는 능력은 그의 이름을 진정으로 붙들고 진정으로 기도하는 믿음에 있다.

예수님은 생애 마지막 때에 제자들에게 다가오는 많은 악으로부터 보호할 수 있는 힘으로써 기도를 얼마나 강조하셨는가를 주시해야 한다. 예루살렘의 멸망이라는 무섭고도 끔찍한 일을 보면서 예수님은 "너희의 도망하는 일이 겨울에 되지 않도록 기도하라"고 경고하셨다.

이 세상 삶에서 기도로 벗어날 수 있는 악한 일들이 얼마나 많은가! 이 세상의 무서운 재앙들 가운데서 비록 완전히는 벗어나지 못하지만 기도로 완화될 수 있는 것들이 얼마나 많은가! 우리가 이 세상에서 접하게 될 엄청난 영향력들을 보면서 그리스도께서 얼마나 기도하라고 하셨는지 우리는 주시해야 한다.

"너희는 스스로 조심하라 그렇지 않으면 방탕함과 술취함과 생활의 염려로 마음이 둔하여지고 뜻밖에 그날이 덫과 같이 너희에게 임하리라 이 날은 온 지구상에 거하는 모든 사람에게 임하리라 이러므로 너희는 장차 올 이 모든 일을 능히 피하고 인자 앞에 서도록 항상 기도하며 깨어 있으라 하시니라."

그리스도가 심판하러 오실 날의 불확실성과 우리가 이 세상을 떠나갈 날의 불확실성을 염두에 두시고 그리스도께서는 "그러나 그날과 그때는 아무도 모르나니 하늘에 있는 천사들도 아들도 모르고 아버지만 아시느니라 주의하라 깨어 있으라 그때가 언제인지 알지 못함이니라"고 말씀하셨다.

포도나무의 생명이 가지에 흘러 들어가듯이

요한복음 14-17장에 기록된 제자들과의 마지막 대화에 나타나 있는 예수님의 말씀은 포괄적이다. 이 말씀들은 진실되고 엄숙한 고별사이다.

제자들은 주님의 현존에 대한 소망을 잃은 채, 수고와 위험이 있는 곳으로 이끌려 갈 수 밖에 없는 처지였다. 그들은 모든 일에 있어서 기도가 도움이 된다는 것과, 또 기도하는 일과 기도의 그 무제한적인 가능성은 어느 정도 그들의 손실을 보상해 준다는 것, 그리고 기도로 예수 그리스도와 하나님 아버지의 모든 능력을 구사할 수 있다는 사실을 마음 깊이 새겨야 했다.

그때는 예수 그리스도에게 있어서 아주 중요한 시기였다. 그의 사역은 그의 죽음과 부활에서 그 절정과 영광을 얻게 되어 있었다. 그의 영광과 그 사역의 성공과 실현은 성령님의 지도와 인도 하에 그의 사도들에게 위임되도록 되어 있었다.

예수님께서 그들을 떠난다는 사실을 확인하게 되었을 때 그것은 그들에게 있어서 놀람과 절망과 슬픔의 시간이었다. 그 모든 것은 어둡고 이해하기 어려운 순간이었다.

    예수님께서는 그들에게 고별사를 하고 고별기도를 하셔야 했다. 그 시간은 엄숙했고 그 진리는 장중한 것이었다.

    예수님께서는 그들에게 천국에 대하여 말씀하셨다. 그들은 젊고 강한 사람들이었지만 하늘나라에 관한 사실과 생각과 소망과 열망 없이 전도하는 삶과 사도의 삶을 살 수가 없었다. 이러한 일들은 끊임없이 신선하게 아름답게 활력 있게 그리고 명쾌하게 표현되어야 할 것들이다.

    예수님께서는 그들에게 자신과 영적이며 의식적인 관계를 맺을 것을 말씀하셨고, 주 안에 거함으로써 포도나무의 생명이 가지에 흘러 들어가듯이 자신의 생명이 그들에게 흘러 들어가야 한다고 말씀하셨다. 그들의 삶과 열매는 이것에 의해 좌우되었다. 그러기에 기도를 중대하고 필수적인 능력의 하나로 그들에게 이야기하셨다.

    이것이야말로 모든 신령한 능력이 의존하고 있는 것이며 또한 신령한 생명과 능력이 그들의 사역에 나타나고 지속되는 통로요 수단이었다.

    그는 그들에게 기도에 관하여 말하였다. 그는 그들이 함께 있을 때에 아주 중요한 이 주제에 대하여 많은 교훈을 주셨다. 그는 이 엄숙한 시간을 이용하여 그의 가르침을 마무리하셨다. 그들은 하나님 안에 무제한적이고 다함이 없는 창고가 있으며 그들은 언제라도 그에게 가까이 갈 수 있으며 아무 제한 없이 모든 것을 취할 수 있다는 사실을 깨달아야 했다. 그리하여 얼마 후 바울은 빌립보인들에게 이렇게 말했다.

"나의 하나님이 그리스도 예수 안에서 영광 가운데 그 풍성한 대로 너희 모든 쓸 것을 채우시리라" 빌 4:19.

6

예수님은 기도의 본을 보여 주셨다

그리스도는 자신이 죽어야 하는 것과 자신의 때가 이르렀음을 깨달았을 때 자신의 몸을 혹사했다. 그는 자신이 어떻게 되든지 개의치 않았다. 그는 온종일 혼신을 다해 설교했으며 밤을 새워 기도했다. 성전에서는 그 같은 준엄한 비유를 들어 설교했으며 동산에서는 요한복음 17장에 나오는 것과 같은 기도를 했다. 그리고 땀이 핏방울이 되기까지 애쓰시면서 "아버지의 뜻대로 하옵소서!"라고 기도했다. _ 토마스 굿윈

기도로 이루어진 생애

예수 그리스도의 생애에 대한 성경의 기록은 그의 분주한 활동에 대한 간단한 소개이며, 그가 하신 많은 말씀 중에서 작은 부분을 골라 놓은 것이며, 그의 놀라운 역사에 대한 간략한 기록에 지나지 않는다.

그러나 이러한 기록에서도 그가 기도에 많은 시간을 할애하고 있음을 알 수 있다. 심한 긴장과 수고로 인해 바쁘고 지친 가운데 있었지만 그는 "새벽 오히려 미명에 일어나 나가 한적한 곳으로 가사 거기서 기도 하셨다."

캄캄하고 한적한 곳에서 홀로 하나님을 만난 것이다!

예수님의 지상생활은 기도로 가득 차 있었다. 그의 삶은 기도의 향이 끊임없이 솟아오르는 삶이었다. 예수님의 삶이 기도의 삶이었음을 알게 될 때에, 예수님처럼 되는 것은 그처럼 기도하며 그처럼 사는 것이라고 우리는 결론 내릴 수밖에 없다. 진지한 삶은 예수님이 기도하신 것처럼 기도하는 삶이다.

우리는 예수 그리스도의 기도를 시간 순서로 따를 수는 없다. 신령한 기도의 기술에 있어서 어떤 발전 단계가 있었는지 우리는 알 수 없다.

세례 요한이 요단강가에서 물로 세례를 베풀 때 예수께서는 기도하고 계셨음을 우리는 알고 있다. 우리는 3년 간의 사역을 다 마치고 두려움, 고통, 고난, 수치라는 무서운 세례를 받는 삶의 종착에서도 성령 안에서 기도하고 있는 그를 발견한다. 요단강가의 세례는 물론 십자가의 세례도 기도로 거룩하게 되었다. 마지막 숨을 거두기에 앞서 그는 기도로 그의 영혼을 하나님께 의탁하였다.

그의 첫 번째 기록된 말씀이자 그의 첫 번째 행동에서 우리는 그가 그의 첫 번째 가르침으로 또 그들의 첫 번째 의무로 기도하는 법을 제자들에게 가르쳤음을 발견한다. 그는 십자가를 목전에 두고서 그가 선택한 제자들과의 긴박하고 중요한 마지막 대담에서 세상에 있는 기독교 교사들이 어떻게 기도해야 하는지를 가르쳤고, 또 신령한 진리의 말씀이 흘러나와야 할 그들의 마음과 입술이 기도에 잠기도록 하려고 노력하셨다.

그의 생애의 대부분은 기도로 만들어졌고 기도로 존귀케 되었다. 그가 나사렛 집에 머물며 목수로 일할 때 어떻게 기도하는 습관을 가지셨는지 알 길이 없다. 하나님께서 그것을 감추셨다. 그러기에 그것을 상상하는 것은 헛되고 오해를 불러일으킬 뿐 아니라 자만적이며 외설적이다.

하나님이 숨기신 것을 찾아내려는 것, 즉 하나님이 자신의 계시를 가리운 장막을 들어 올리려고 노력하는 것은, 기록된 것 이상으로 더 지혜로워지기 위해서 추구하는 것이겠지만 주제 넘는 일이다.

예수도 기도하실 때에

우리는 유명한 자, 선지자, 설교자들 중에서 그리스도를 본다. 그는 하나님의 부르심에 따라 고향 나사렛과 목공소를 떠났다. 그는 이제 전환점에 와 있다. 그는 그의 위대한 일을 위해 떠난 것이다. 세례 요한의 세례와 성령의 세례는 준비 단계이며 그 일을 위해 그에게 자격을 갖추게 한 것이다. 이 획기적이고도 전환점을 이루는 시기에 기도가 특징으로 드러난다.

"백성이 다 세례를 받을 새 예수도 세례를 받으시고 기도하실 때에 하늘이 열리며 성령이 형체로 비둘기같이 그의 위에 강림하시더니 하늘로서 소리가 나기를 너는 내 사랑하는 아들이라 내가 너를 기뻐하노라 하시니라."

그의 생애에 있어서 과거와 현저한 대조를 이루는, 물론 반대되는 것은 아니지만, 최고의 순간이었다. 하늘이 열리고 성령이 강림하여 충만히 거하면서 하나님의 독생자임을 인정하는 은성이 있었다. 그것이 비록 그때 그의 기도에 대한 직접적인 응답과 창조는 아니라 해도 이 모든 것이 결과로 나타났다.

"그가 기도할 때에"라고 한 것처럼 우리도 기도해야 한다. 만일 우리가 그리스도가 기도한 대로 기도하려고 한다면 우리는 그리스도와 같아져야 하고 그리스도처럼 살아야 한다. 우리가 그리스도처럼 기도하고 또한 그의 기도가 응답받은 것처럼 우리 기도가 응답받으려 한다면 그리스도의 인격과 그리스도의 삶, 그리스도의 영이 우리의 것이 되어야 한다. 지금 하나님 아버지 우편에 계시는 주님께서 하시는 일도 기도하는 것이다. 분명 우리가 주님의 것이며, 주님을 사랑하고, 주님을 위해 살며, 주님과 비슷한 삶을 살고자 한다면, 우리는 지상과 하늘에서의 주님의 기도의 삶에 전염되어야 한다. 우리는 주님께서 지상에서 하신 일을 배우고 그것을 실천해야 할 것이다.

예수를 닮는다는 것은

예수 그리스도는 모든 사람을 사랑하셨다. 그래서 모든 사람을 위해 죽음을 맛보셨고 모든 사람을 위해 중보하고 계신다. 그렇다면 우리는 스스로 질문해 보아야 한다. 과연 우리는 예수 그리스도를 닮는 사람이며 그를 나타내고 있으며 그리스도를 실천하고 있는가? 그런 후 우리의 기도 내용이 그의 구속 사역과 같은 것이 되도록 해야 한다. 예수 그리스도의 속죄의 피는 우리의 기도에 거룩함과 효력을 준다. 인간 예수 그리스도가 범세계적이며 광범위하며 인간적인 것처럼 우리의 기도도 그와 같아야 한다. 그리스도의 사람들의 중보는 그리스도의 사역을 현재화하고 확장시키며, 속죄의 피가 온유한 목적들을 이루며, 모든 구속받은 영혼들에게서 죄의 쇠사슬을 끊어버리는 데 도움을 주어야 한다. 우리는 그리스도처럼 기도하며, 눈물을 흘리며, 자비로워야 한다.

기도는 모든 것에 영향을 끼친다. 하나님은 기도하는 사람을 축복하신다. 기도하는 사람은 하나님을 위한 기나긴 항해를 떠나는 사람이며 다른 사람을 풍요케 함으로 자신도 풍요해지며, 기도로 세상이 복받게 함으로 자신도 복받는다. "모든 경건과 단정한 중에 고요하고 평안한 생활을 하는 것"이 가장 복된 부귀인 것이다.

그리스도의 기도는 현실적이다. 그가 기도한 것처럼 기도한 사람은 없다. 기도는 가장 엄숙하고 절대적이며 명령적인 의무이며 동시에 모든 아름다움이 집약되고 매력적이고 흥미로운 특권으로 그에게 부각되었다. 기도는 그의 능력의 비밀이요, 그의 삶의 법칙이요, 그의 수고의 영감이요, 그의 부와 기쁨과 교통과 힘의 근원이었다.

예수 그리스도에게 있어서 기도는 2차적인 위치를 차지하는 것이 아니라 엄격하며 최우선적이며 필수 사항이며 삶이며, 쉼 없는 갈망에 대한 만족이며, 막중한 책임을 위한 준비였다.

골방에 들어가 아버지와 함께 의논하고 교제를 갖으며 활력과 기쁨을 누리는 것, 이 모두가 그의 기도였다. 현재의 시련, 장래의 영광, 교회의 역사, 그리고 시간을 초월하며 끝 날까지 있을 그의 제자들의 투쟁과 난관, 이 모든 것들이 그의 기도로 태어났고 형성되었다.

우리 주님의 생애에 있어서 기도생활보다 더 뚜렷한 것은 없다. 그의 투쟁과 승리는 밤을 지새는 기도로 고뇌하고 교재하는 가운데 준비되고 얻어졌다. 그는 기도로 하늘을 가르셨다. 모세와 엘리야 그리고 변화산의 영광이 그의 기도를 도왔다. 그의 기적들과 가르침도 그 능력이 동일한 근원인 기도에서 나왔다. 겟세마네의 기도는 평온함과 영광 가운데 갈보리를 피로 물들게 했다. 그의 제사장적 기도는 역사를 창조하며 지상에 있는 그의 교회의 승리를 재촉한다. 예수 그리스도께서 지상에 계시는 동한 보이신 기도의 삶 그것은 기도에 대한 명령이요 영감이다! 그것은 기도의 성격과 필요 및 가치에 대한 놀라운 설명이다!

단순한 기도, 확신의 기도

예수 그리스도의 생애는 기도의 생애였다. 기도에 대한 그의 가르침과 실천은 "사람이 항상 기도하고 낙망치 말아야 한다"는 것이다.

유대인들은 그들의 족장들의 이름으로 기도하며 하나님과의 언약에 의해 그들에게 주어진 특권에 주장했다. 이와 같이 우리도 새로운 이름, 새로운 언약을 가지고 있으며, 또한 이보다 더한 특권과 능력과 더 포괄적이며 더 권위 있으며 더 신령한 것에 의존하고 있다. 하나님의 아들이 신성과 영광과 능력면에 있어서 족장보다 훨씬 뛰어나기에 우리의 기도도 그들의 기도보다 그 범위와 영광과 능력에 있어서 훨씬 뛰어나야 한다.

예수 그리스도는 아버지이신 하나님께 기도하셨다. 아주 단순하게 그리고 직접적으로 그는 아버지를 향한 사랑과 존경심으로 하나님께 나아갔다. 사납고, 다가서지 못하게 하는 두려움은 전혀 없었다. 자녀가 갖는 최고의 확신 속에서 사라진 것이다.

예수 그리스도는 그의 생애, 그의 사역, 그의 가르침을 기도로 관을 씌웠다. 아버지께서는 예수님이 세례받을 때 그리고 변화산에서 기도 응답으로 예수님과의 관계를 입증하시고 영광을 주지 않았던가! 그때 그에게 있던 모든 다른 영광들은 어두움 속에 사라지듯 희미해졌다. "아버지여, 아버지의 이름을 영화롭게 하소서." 이 한 가지 목표와 감동으로 우리가 충만해질 때 기도가 얼마나 큰 능력이 있는가! 이것은 모든 것을 아름답게 하며, 모든 것을 빛나게 하며, 모든 것을 정복하며, 모든 것을 취한다. "아버지여, 아버지의 이름을 영화롭게 하소서." 이것은 칠흑 같은 어둠을 비춰 주는 별빛이며, 폭풍우를 잔잔케 하며 우리에게 용기와 진실을 주는 빛이다. 그것이 가장 중요한 원리이며, 당당한 그리스도인을 만든다.

예수님의 생애와 가르침에 분명히 나타난 것처럼 기도의 범위와 능력은 하나님의 위대한 목적들을 드러낸다. 하나님의 목적들은 아들의 인성을 충만히 그리고 실제로 계시할 뿐 아니라 아버지도 계시한다.

그리스도는 어린 아이처럼 기도했다. 어린 아이의 심령이 그에게서 발견된다. 나사로의 무덤 앞에서 "눈을 들어 우러러 보시고 가라사대 아버지여"라고 했다. 그리고 우리는 그가 "이때에 예수께서 성령으로 기뻐하사 아버지여 감사하나이다"라는 식으로 기도를 시작한 것을 듣는다.

이와 같이 다른 곳에서도 우리는 그가 하나님을 아버지라고 부르며 아들이 아버지에게 무엇을 구하는 자세로 기도하는 것을 발견한다.

얼마나 신뢰하며 단순하며 꾸밈이 없는가!

　자녀의 자세에는 아버지께 언제든지 자유롭게 그리고 마음대로 나아가는 것이 포함된다. 얼마나 대담한 신뢰이며, 얼마나 확고한 확신이며, 얼마나 사랑스러운 관심인가! 아버지 편에서는 얼마나 깊이 배려하고 자애롭게 동감하시는가! 존경심이 점점 깊어 경외심으로 바뀐다. 어린아이의 마음에 사랑 어린 순종심과 감사하는 마음이 넘친다! 신령한 교제와 놀라운 친밀감! 그리고 신성하고 아름다운 감정!

　이 모든 것은 하나님의 자녀들이 하늘에서 아버지를 만나며 아버지가 그 자녀를 만나는 시간인 기도의 시간에 이루어진다. 우리가 자녀처럼 구하려면 자녀처럼 살아야 한다. 자녀처럼 기도하려면 자녀처럼 행동해야만 한다. 기도의 영은 자녀의 영에서 나온다.

　이러한 부자父子의 관계에서 나오는 깊은 경외심은 모든 경박함과 천박함과 무례함을 영원히 제거하며 불합리한 친근함을 제거시킨다. 엄숙함과 진지함이 기도의 시간에 나타난다. 다음 말은 아주 적절한 표현이다.

　"아버지의 이름으로 하나님을 부르고 하나님의 자비롭고 은혜로우신 사랑을 깨닫는 예배자는 아버지의 사랑에 의해 무시되거나 손상되지 않고 오히려 극도로 강화되는 하나님의 영광에 찬 위엄을 기억하며 인식해야 한다. 하나님의 위엄 앞에 경외함과 충성심이 연관되어 있지 않은 상태에서 하나님을 아버지로 대하는 것은, 하나님의 성품에 대한 잘못된 이해를 드러내는 것이다." 그리고 거기에 추가한다면 그것은 자녀의 속성의 결여를 나타내는 것이다.

족장들과 선지자들은 하나님의 가정에서 하나님의 아버지되심의 교리를 상당히 알고 있었다. 그들은 "그것들을 멀리서 보고 환영하였으나" 온전히 이해하지는 못하였다. "이는 하나님이 우리를 위하여 더 좋은 것을 예비하셨은즉 우리가 아니면 저희로 온전함을 이루지 못하게 하려 하심이니라."

"저가 기도하는 중이다!"라는 말은 다소의 사울에 관하여 소심한 아나니아를 깜짝 놀라게 한 하나님의 표현이다. "저가 기도하는 중이다!"라는 말은 그리스도께 적용되는 말로써 그 안에 놀라움과 신비함과 기이함이 훨씬 많이 담겨 있다. 예수님은 온 세상을 창조하신 분이요, 모든 천사들과 인간들의 주인이요, 영원하신 하나님과 동등한 분이며 동등하게 영원한 분이요, "아버지의 영광의 광채이시며 그 본체의 형상이시며", "아버지의 영광과 보좌로부터 나온 분"이시다. 그런데 "그가 기도하는 중이다!" 겸손하며 의지하는 자세의 기도와 모든 간구, 그의 기도에 대한 풍부한 유산과 최고의 특권, 이 모든 것은 신비 중의 신비이며 모든 경이 중의 경이이다.

진지한 기도

바울은 우리 주님의 기도 습관에 대하여 히브리서 5:7에서 간략하지만 포괄적으로 언급한다.

"그는 육체에 계실 때에 자기를 죽음에서 능히 구원하실 이에게 심한 통곡과 눈물로 간구와 소원을 올렸고 그의 경외하심을 인하여 들으심을 얻었느니라."

우리 주님의 기도에 대한 이 설명에서 위대한 영적 능력이 흘러나오는 것을 볼 수 있다. 그는 "기도와 간구로" 기도했다. 그것은 어떤 형식적이거나 시험적인 노력이 아니었다. 집요하고 인격적이며 실제적이었다. 그는 하나님의 선을 간구하는 분이었다. 그는 너무나 곤핍하였으며 그래서 "심한 통곡"과 눈물로 간구해야 했다. 하나님의 아들이 고뇌하면 씨름하였다. 그의 기도는 단순한 놀이가 아니다. 그의 영혼이 몰입되었고 그의 모든 힘이 소모되었다. 이제 멈추어서 그를 바라보면서 진지한 기도가 무엇인지 배우도록 하자. 우리에게서 떠난 듯한 그 고뇌하는 기도로 승리하는 법을 배우자. "경외하였다"영어 원문에서는 feared임-역자 주란 말은 하나님을 두려워한다는 표현으로 신약에서 꼭 두 번 나온다.

예수 그리스도는 자신의 일에 항상 바쁘셨다. 그러나 너무 바빠서 기도를 못하지는 않았다.

일들 가운데 가장 신성한 일이 그의 마음에 들어 차 있었고 그의 손에 쥐어져 있어서, 그의 시간을 소진하게 했고 그의 온 신경을 집중케 했다. 그러나 그에게는 하나님의 일조차도 하나님께 기도하는 시간을 빼앗아가지 못하였다. 사람들을 죄와 고통으로부터 구원하는 일조차도 그리스도께 있어서는 기도를 대신하지 못하였고, 이 지극히 거룩한 일의 시간과 강도를 조금도 줄이지 못하였다.

그는 온종일 하나님의 일을 하였고, 밤에는 하나님께 기도하였다. 낮의 일 때문에 밤의 기도가 절대적으로 필요하였다. 밤의 기도가 낮의 일을 거룩하게 하고 성공하게 하였다. 너무 바빠서 기도하지 못하는 것은 그리스도인의 신앙을 매장시킨다. 너무 바빠서 기도할 수 없는 것은 분명 사실이지만 그럼에도 불구하고 믿음을 무너뜨리는 것이다.

기도의 모범

많은 경우에 주님께서 기도했다는 사실은 있는 그대로의 사실일 뿐 아니라 중요하고 암시적인 사실로 언급된다. 어떤 경우에는 예수님의 마음에서 우러나와 그 입에서 떨어진 바로 그 기도의 말씀이 기록되어 있다. 기도의 사람으로 가장 뛰어난 분이 예수 그리스도이시다. 그의 생애 기원은 기도로 만들어졌다. 그리고 그의 생애의 다른 작은 일들도 기도에 의해 영감을 받고 채색되고 잉태되었다.

　예수님의 기도의 말씀은 신성한 말씀이었다. 그 말씀으로 하나님이 하나님께 말씀하였고, 그 말씀으로 하나님이 계시되고, 기도가 설명되고 힘을 얻는다. 여기에 가장 순수한 형식과 가장 강한 힘을 지닌 기도가 있다. 땅과 하늘이 머리를 들고 가장 크게 귀를 열어 참 하나님이요 참 인간이신 예수님의 기도의 말씀을 들으려고 했을 것이다. 그는 가장 신령한 간구자로 누구도 하지 못한 기도를 한 분이었기 때문이다. 주님의 기도는 기도에 대한 영감이요 모범이다.

7

예수님은 이렇게 기도하셨다

아프리카 남단에 한 거대한 곶이 있는데 파도가 매우 심하여 많은 생명을 앗아갔다. 마침내 죽음의 곶이라고 불리게 되었다. 1789년 어느 날, 한 용감한 항해자가 노도와 같은 파도를 뚫고 항해하여 마침내 잔잔한 바다를 발견하였다. 그 후 그는 그곳을 희망봉이라고 명하였다. 그처럼 땅에서 뻗어서 죽음이라는 영원의 바다 속에서 불쑥 튀어나온 봉이 있다. 모든 사람이 그것을 두려워하였다. 모든 항해자들은 조만간에 반드시 그 무서운 파도와 싸워야 한다. 그러나 이천 여 년 전 어느 날 한 용감한 항해사가 하늘에서 내려와 연약하고 조그만 배의 기수를 이 곳의 음침한 물 속으로 들어가게 하였다. 그리고 그 무서운 세력 밑에서 3일간 있다가 그 곳으로부터 솟아올랐다. 그는 그것이 영원한 안전과 기쁨으로 이 끄는 관문임을 발견하였으니 우리는 그것을 희망이라 부른다. _존 베이커

기도, 그리고 아버지의 뜻

그리스도께서 드린 기도와 찬양 중 가장 감동적이고 숭고한 기도가 마태복음과 누가복음에 기록되어 있다. 물론 표현상 약간 대비되는 점과 내용 및 맥락에서 미세한 차이가 있기는 하다. 그는 자신의 사역의 빈약한 결과들을 되돌아보고, 하나님께서 사랑과 긍휼을 엄청나게 쏟아 주시는데도 사람들의 반응이 미약함을 지적한다. 하나님께 대한 인간의 배은망덕을 꾸짖고, 그들에게 주어진 많은 기회와 은총과 책임들에 대한 무관심으로 인한 무섭고 파괴적인 결과를 보여 준다.

이러한 문책과 경고와 화가 선포되는 가운데 칠십 인의 제자들이 돌아와 그들의 사역 결과를 보고했다. 그들은 자신의 성공을 무척 기뻐하면서 전혀 과장 없이 보고했다.

예수님은 그들의 활기로 인해 즐거워 하셨고, 편안해졌고 생기를 되찾았고, 그들의 기쁨에 도취되어 함께 승리를 나누었다. 그는 기뻐하고 감사드렸으며, 간결하고 영감적이며 계시가 담긴 놀라운 기도를 하였다.

"이때에 예수께서 성령으로 기뻐하사 가라사대 천지의 주재이신 아버지여 이것을 지혜롭고 슬기있는 자들에게는 숨기시고 어린아이들에게는 나타내심을 감사하나이다 옳소이다 이렇게 된 것이 아버지의 뜻이니이다 내 아버지께서 모든 것을 내게 주셨으니 아버지 외에는 아들이 누군지 아는 자가 없고 아들과 또 아들의 소원대로 계시를 받는 자 외에는 아버지가 누군지 아는 자가 없나이다 하시고."

그리스도의 생애는 그의 아버지의 형상을 나타내는 생애였다. 그는 "하나님의 드러난 형상"이었다. 그러기에 그리스도의 기도의 영은 하나님의 뜻을 수행하는 것이었다. 그의 계속적인 증언은 그가 "아버지의 뜻을 행하러 왔지 자신의 뜻을 행하러 오지 않았다."는 것이었다.

겟세마네에서 무서운 위기가 닥쳐왔을 때, 즉 인류의 죄와 슬픔이라는 엄청난 무게의 짐이 그를 무섭게 짓눌러 올 때, 그리하여 그의 영과 몸이 부숴지고 소멸될 지경에 이르렀을 때에, 그는 그것을 벗어나기 위하여 울부짖었다. 그러나 그는 그의 뜻이 아닌 아버지의 뜻을 따랐다. 그것은 하나님의 방법으로 하나님의 구출을 간구하는 것이었다. 만일 구원이 가능하였다면 그 구원의 법과 원리는 하나님의 뜻에 의한 것이어야 했다.

가장 뛰어나게 기도하는 사람

그래서 그리스도의 기도를 따르는 사람은 반드시 하나님의 뜻을 자신의 법과 원리와 영감으로 여겨야 한다. 모든 기도에 있어서 기도하는 것은 사람이다. 그 사람의 삶과 인격이 골방으로 흘러들어 간다. 상호작용과 반작용이 있는 것이다. 골방이 인격 형성에 중요한 구실을 한다. 동시에 인격이 골방을 형성하는 데 중요한 역할을 한다. "의인의 간구는 역사하는 힘이 많다" 약 5:16. 우리는 "깨끗한 마음으로 주를 부르는 자들과 함께" 딤후 2:20 해야 한다.

그리스도는 가장 거룩한 사람이기에 가장 위대한 기도를 한 사람이다. 그의 인격은 기도하는 인격이다. 그의 영은 기도의 삶이며 능력이다. 가장 찬란한 상상력을 가지고, 가장 풍부한 은사를 가지고, 가장 유창하게 가장 뜨겁게 기도하는 사람이 가장 뛰어나게 기도하는 사람이 아니라, 그리스도의 영으로 흠뻑 젖은 사람이 가장 뛰어나게 기도하는 사람이다.

그리스도를 가장 근사하게 본받는 자가 바로 그러한 사람이다. 예수님의 기도가 그런 것이었다. 그 기도는 감사의 형태로 하나님의 능력이 임하며 하나님의 인격과 의지가 계시되는 사람들의 인격이 어떤가를 보여 준다.

"이것을 지혜롭고 슬기 있는 자들에게는 숨기시고"라는 말에서, "지혜로운" 사람은 자신들이 보기에 문필에 뛰어나고 교양이 많으며 학식이 많은 사람들과 철학자들 서기관들, 박사들, 선생들일 것이고, "슬기 있는 사람들"은 통찰력을 가진 사람, 이해력과 표현력이 뛰어난 사람, 그리고 사물을 종합할 수 있는 사람일 것이다. 하나님의 자기 계시와 하나님의 뜻은 이성이나 지능이나 많은 교육으로 찾아지거나 이해될 수 있는 것이 아니다. 위대한 사람들과 뛰어난 지성을 가진 사람조차도 그들의 교양과 명석한 두뇌와 지혜에 의해서 하나님의 계시를 밝히는 통로가 되지는 못한다. 구속과 섭리에 관한 하나님의 계획은 생각으로 밝혀지는 것이 아니며, 오직 배운 자들과 지혜로운 사람에게만 보이는 것이 아니다. 배운 자들과 지혜로운 자들은 자신들의 학식과 지혜를 따르기 때문에 안타깝게도 언제나 하나님의 생각과 하나님의 길을 발견하지 못한다.

마음의 문제

하나님의 계시를 받고 하나님의 진리를 간직하는 조건은 머리의 문제가 아니라 마음의 문제다. 그것을 받고 찾는 능력은 갓난 아이가 가지고 있는 온순성과 순결성과 단순성이다.

이것이 하나님이 자신을 인간들에게 계시하시는 조건이다. 세상은 자기의 지혜로 하나님을 이해하거나 영접할 수 없다. 왜냐하면 하나님은 자신을 인간의 마음에 계시하시지 머리에 계시하시지 않기 때문이다. 오직 마음만이 하나님을 알 수 있고 느낄 수 있고 볼 수 있으며 그의 책 중의 책에서 그를 읽을 수 있다. 하나님은 사고로 이해되는 것이 아니라 마음으로 인식된다.

세상은 철학이 아니라 계시로 하나님을 안다. 인간이 필요로 하는 것은 하나님을 이해할 수 있는 정신적 능력인 이해력이 아니라, 영감을 받을 수 있는 능력인 유연성이다. 세상이 하나님을 인식하고 하나님을 소유하는 것은 강하며 꾸준하며 추진력이 있는 위대한 이성의 작용에 의해서가 아니라, 유연하며 청결하고 넓은 마음이다. 사람은 하나님을 보는 빛보다는 하나님을 느끼는 마음이 필요하다.

인간의 지혜나 타고난 큰 재능, 그리고 교육을 통한 양육이 아무리 좋을지라도 그것은 하나님의 계시된 진리를 수용하거나 저장하는 그릇이 될 수 없다. 지식의 나무는 믿음의 독소로 작용하여 계시를 철학으로 격하시키고 하나님을 인간의 기준으로 측정했다. 지식은 교만하여 하나님을 몰아내고 하나님의 진리가 들어갈 자리에 인간을 대신 놓았다. 다시 아기가 되어 어머니의 품안에서 잠잠히 그리고 순순히 있는 것이 하나님을 아는 유일한 자세다.

영혼의 표면과 심층부가 고요하게 있는 것. 이것은 영혼이 하나님께서 자신의 뜻과 말씀과 자기 자신까지 비춰 주실 수 있는 곳이기에 하나님께서 자신을 계시하실 수 있는 자세다. 따라서 이 자세야말로 올바른 기도 자세이다.

실천하는 기도

우리 주님은 자신의 입으로 가르친 말씀을 실제 삶에 실천함으로써 우리에게 기도를 가르치셨다. 다음의 말씀은 간결하지만 의미심장하고 중요한 말씀이다. "무리를 보내신 후에 기도하러 따로 산에 올라가시다 저물매 거기 혼자 계시더니."

그리스도는 많은 사람들을 배불리 먹였지만 그들에게서 떠나셨다.

하나님의 치유 역사와 가르침은 기도할 수 있는 시간과 장소와 기회를 확보하기 위해 잠시 보류된다. 기도는 모든 노력 중 가장 신령한 것이며 모든 사역 중 가장 중요한 사역이기 때문이다. 예수님은 자신을 열렬히 찾는 많은 사람들을 떠나 아직 대낮인데도 하나님과 홀로 있는 시간을 마련하셨다. 많은 무리가 주님을 피곤케 하고 지치게 하였다. 제자들은 바다에 떠 있었지만 주님이 무릎을 꿇고 기도하는 산 꼭대기는, 즉 기도가 있는 그 곳에는 고요함이 있었다.

"그러므로 예수께서 저희가 와서 자기를 억지로 잡아 임금 삼으려는 줄을 아시고 다시 혼자 산으로 떠나가시니라."

그 순간 주님은 홀로 하나님과 함께해야만 했다. 유혹이 그 시간에 왔던 것이다. 많은 무리가 물고기 두 마리와 보리떡 다섯 개로 배불리 먹었다. 배를 채우고도 남을 정도가 되자 그들은 그를 왕으로 삼으려고 했다. 그는 유혹을 피하여 은밀한 기도 장소로 가셨다. 악을 이기는 힘의 근원이 거기에 있었기 때문이다. 은밀한 중의 기도는 주님에게도 놀라운 피난처였다! 세상의 요란함과 혼란에서 우리가 피할 수 있는 피난처가 바로 기도다! 세상이 우리를 유혹하고 미혹하고 마음을 끌 때, 하나님과 단 둘이 있는 것이 우리의 안전이다!

우리 주님의 기도는 예언적이고 위대한 진리를 설명해 준다. 성령의 큰 역사 즉 성령의 증거하는 음성과 하늘의 문이 열리는 일이 기도에 의해서만 가능한 것이다. 그것은 주님께서 세례 요한에게 세례를 받을 때에, 즉 주님께서 세례를 받으시고 기도할 때에 즉시 성령이 비둘기같이 임한 사실로 설명될 수 있다. 그에게 있어서 이 시간은 예언적이며 설명적인 것 그 이상의 것이었다. 이러한 중요한 순간은 하나님의 고귀한 목적을 위해 그를 성별시키고 준비시키는 실제적이고 개인적인 시간이었다. 우리에게와 같이 그에게도 기도는 하나님의 온전하며 거룩하며 충분한 능력을 확보하는 필수적이고 절대적이며 대치할 수 없는 조건이다. 기도할 때에 성령이 충만히 그리고 능력으로 그에게 임하였다.

이처럼 성령은 열심히 그리고 마음을 다하여 드리는 기도에 대한 응답으로 우리에게 충만히 그리고 능력 있게 임하신다. 기도에 의해 하늘이 그리스도에게 열렸고 하나님께 나아감과 교제가 확보되고 확대되었다. 하나님께 나아가 친밀한 교제를 할 수 있는 자유와 충만함은 기도의 유산으로 우리에게 주어지는 것이다. 기도할 때에 아들의 신분을 확인하는 음성이 그리스도에게 내렸다. 우리가 하나님의 자녀라는 것에 대한 증거는 기도함으로만 분명히 또 의심 없이 나타나는 것이다. 자녀됨에 대한 계속적인 증거는 끊임없이 기도하는 사람들에 의해서 유지된다. 기도의 물줄기가 얕고 자주 끊기면 자녀됨에 대한 증거는 약해지며 희미해진다.

나사로의 무덤 앞에서

우리는 그리스도의 놀라운 기도 시간에 나타난 영감과 계시로부터, 그 당연한 귀결로, 무거운 짐을 지고 쉼이 없고 지친 영혼들을 위한 은혜롭고 용기를 주는 선포가 울려퍼짐을 본다. 그것은 무거운 짐을 진 인류의 귀에 닿는 순간 인류에게 깊은 인상을 주고 그들은 사로잡아서 마침내 그들의 마음을 달래고 그들의 수고와 짐을 풀어 준다.

"수고하고 무거운 짐 진 자들아 다 내게로 오라 내가 너희를 쉬게 하리라 나는 마음이 온유하고 겸손하니 나의 멍에를 메고 내게 배우라 그러면 너희 마음이 쉼을 얻으리니 이는 내 멍에는 쉽고 내 짐은 가벼움이라 하시니라."

나사로의 무덤 앞에서 그에게 생명이 되돌아오게 하는 준비와 조건으로, 주님께서 하늘에 계신 아버지를 부르고 계심을 볼 수 있다.
"아버지여 내 말을 들으신 것을 감사하나이다 항상 내 말을 들으시는 줄을 내가 알았나이다."
그리스께서 눈을 들어 하늘을 향한 것에는 얼마나 많은 것이 들어 있는가! 눈을 들어 하늘을 보신 것에는 대단한 신뢰와 간구가 들어있다. 그가 하늘을 바라본 것, 즉 눈을 들어 하늘을 본 것은 자신의 전 존재를 하늘로 향한 것이며, 세상에 대해서는 잠시 멈추고 관심과 도움을 끌어내는 것이었다. 하나님의 아들이 그의 무덤 앞에서 하늘을 향하여 우러러 볼 때 하늘에 있는 모든 것이 움직였고 약속되었고 보증

되었던 것이다. 오, 그리스도와 같은 눈을 가진 백성들에게 하늘이 열리고 하늘이 움직이도다! 그리스도께서 그랬던 것처럼 우리도 믿음에 온전해지고, 기도에 능숙해져서 우리의 눈을 들어 하늘로 향하고 하나님께 깊은 겸손과 과감한 신뢰로 "아버지여 내 말을 들으신 것을 감사하나이다"라고 말할 수 있어야 한다.

기도로 채워지는 요람

또 다른 곳에서도 그리스도께서 기도하신 아주 감동적이고 아름답고 교훈적인 사건을 발견한다. 이때는 아이가 어머니 품에 안기어 온 경우로 비유적이면서 동시에 역사적이다.

"사람들이 예수의 만져 주심을 바라고 어린아이들을 데리고 오매 제자들이 꾸짖거늘 예수께서 보시고 분히 여겨 이르시되 어린아이들의 내게 오는 것을 용납하고 금하지 말라 하나님의 나라가 이런 자의 것이니라 내가 진실로 너희에게 이르노니 누구든지 하나님의 나라를 어린아이와 같이 받들지 않는 자는 결단코 들어가지 못하리라 하시고 그 어린 아이들을 안고 저희 위에 안수하시고 축복하시니라."

이것은 어리석은 무지와 영적이지 못한 관점 때문에 주님께서 노하시고 불쾌해 하셨던 몇 안 되는 사건 중 하나이다. 이 사건에는 중요한 원리가 들어있다. 기초가 무너지고 있었고 세상적인 견해가 제자들을 움직였다. 그리스도께 어린아이를 데리고 온 사람들을 꾸짖는 그들의 말과 성미는 심히 잘못된 것이었다. 그리스도가 와서 설명하려 했고 전파하려 했던 바로 그 원리를 어기는 것이었다. 그리스도는 어린아이들을 용납하셨다.

큰 사람은 마땅히 작은 사람이 되어야 한다. 늙은 사람은 어린 사람이 되어야 한다. 그래야 그리스도께서 그들을 영접하신다. 기도는 작은 자들을 돕는다.

요람은 기도로 채워야 한다. 우리는 우리의 어린아이들을 위해 기도해야 한다. 이제 예수 그리스도는 땅에 있지 않고 하늘에 계시므로 기도로 어린아이들을 예수 그리스도 앞에 데리고 가야 한다. 아주 어릴 적부터 축복을 위하여 그에게 데리고 가야 한다. 그리스도의 축복이 아이들을 그에게 데리고 오는 사람들의 기도에 응답하여 이 어린아이들에게 주어진다. 부모들이 진지하고 끊임없는 기도와 지칠 줄 모르는 끈기로 아이들을 그리스도께 데리고 가야 한다. 그들이 자발적으로 무엇을 알기 전에 부모들이 기도로 그들을 하나님께 데리고 가서 그들의 후손을 향한 하나님의 축복을 위해 기도해야 한다. 또 그들이 자발적인 책임감을 가질 수 있는 연령에 도달할 때에 그리스도에게 나아오도록 그들을 보존해 줄 은혜와 하나님의 도우심을 위하여 또한 지혜를 위하여 기도하며 구해야 한다.

거룩한 두 손과 거룩한 기도는 어린 생명을 지키고 훈련시키며 의와 천국을 위한 인격을 형성시키는 데 절대적이다. 이 신령한 교사의 행위에서 우리가 발견하는 것은 기도하는 자세에 수반되는 인자함과 단순함과 친절함과 세상적이지 아니함과 온유와 겸손이다!

이 반석 위에 교회를 세우리니

베드로가 예수님은 하나님의 아들이라고 놀라운 믿음의 고백을 한 것은 바로 예수께서 기도하시던 때였다.

"예수께서 따로 기도하실 때에 제자들이 주와 함께 있더니 물어 가라사대 무리가 나를 누구라고 하느냐 가로되 더러는 세례 요한 더러는 엘리야 어떤 이는 예레미야나 선지자 중의 하나라 하나이다 가라사대 너희는 나를 누구라 하느냐 시몬 베드로가 대답하여 가로되 주는 그리스도시요 살아 계신 하나님의 아들이시니이다 예수께서 대답하여 가라사대 바요나 시몬아 네가 복이 있도다 이를 네게 알게 한 이는 혈육이 아니요 하늘에 계신 내 아버지시니라 또 내가 네게 이르노니 너는 베드로라 내가 이 반석 위에 내 교회를 세우리니 음부의 권세가 이기지 못하리라 내가 천국 열쇠를 네게 주리니 네가 땅에서 무엇이든지 매면 하늘에서도 매일 것이요 네가 땅에서 무엇이든지 풀면 하늘에서도 풀리리라 하시고."

예수님은 제자들 각각에게 나라를 맡기실 것이며 또 그들은 그 나라에서 그의 상에서 앉아 먹을 것이며 보좌에 앉아서 이스라엘 열 두 지파를 심판할 것이라는 큰 약속을 하셨다. 그런 다음 주님은 자신이 베드로를 위하여 기도하였다고 하시며 이런 경고의 말씀을 하셨다.

"시몬아, 시몬아, 보라 사단이 밀 까부르듯 하려고 너희를 청구하였으나 그러나 내가 너를 위하여 네 믿음이 떨어지지 않기를 기도하였노니 너는 돌이킨 후에 네 형제를 굳게 하라."

베드로가 자기를 위하여 기도해 주는 하나님의 아들을 모시고 있다니 얼마나 행복한 일인가! 그리스도께서 그토록 홀로 계시며 기도해야 할 정도로 사단의 표적이 되다니 베드로는 얼마나 불행한가! 특별한 경우, 우리의 기도에 대한 요청이 얼마나 절실한가! 최대한의 효과를 얻기 위하여 기도는 반드시 개인적이어야 한다. 베드로는 누구보다 큰 어려움에 노출되어 있었기 때문에 다른 어느 제자보다 그리스도의 기도가 더 필요했다.

가장 강렬하고 가장 어려운 일을 당한 사람을 위하여 이름을 부르며 기도해야 한다. 우리의 사랑과 그들의 위험은 간절히 자주 그리고 개인적으로 기도하도록 한다.

우리는 오천 명을 먹이는 놀라운 이적을 베푼 후, 사람들이 그리스도를 잡아 왕으로 삼으려고 할 때 그가 무리에게서 어떻게 피해야만 했는지를 보았다. 이러한 강한 세상의 유혹을 피하고 숨는 길은 기도였다. 그는 밤이 맞도록 기도한 후 힘과 안정을 되찾고 돌아와서 바다 위를 걷는 놀라운 이적을 또다시 수행할 수 있었다.

다섯 개의 떡과 두 마리의 물고기조차도 무리에게 나누어 주기 전에 기도하심으로 거룩하게 되었다. "주님은 하늘을 우러러 축사하셨다." 우리는 기도로 우리의 일용할 양식을 거룩하게 해야 하며 우리가 뿌린 씨가 많은 결실을 맺게 해야 한다.

말 못하는 벙어리의 혀를 만지실 때에 주님은 하늘을 우러러 큰 소리로 탄식하였다. 그것은 나사로의 무덤 곁에 계실 때 심령에 통분히 여긴 것과 비슷한 탄식이었다. "이에 예수께서 다시 속으로 통분히 여기시며 무덤에 가시니 무덤이 굴이라 돌로 막았거늘." 파손된 인간을 향한 탄식과 통분이요, 죄와 지옥이 그처럼 인간을 지배하는 데 대한 통분이요, 인간이 물려받은 것이 그같이 훼손되고 황폐된 것에 대한 통분이다.

이것은 우리가 영원토록 배워야 할 교훈이다. 영원토록 명심해야 할 것이요, 하나님의 자녀들의 내면의 영을 어느 정도 짓눌러야만 하는 사실이다. 성령의 첫 열매를 받은 우리들은 우리 속에서 죄가 가져오는 파괴와 죽음에 대해 통분히 여겨야 하며 더 좋은 날이 올 것을 바라는 마음으로 가득 차 있어야 한다.

모든 위대한 기도에 들어 있는 것이요, 또한 기도를 하게 하고 두드러지게 하는 것이 사람이다. 기도와 사람을 분리시키는 것은 불가능하다. 인간의 구성 요소가 그의 기도의 구성 요소이다. 기도를 통하여 기도하는 그 사람이 흘러간다.

열정적인 엘리야가 열정적인 기도를 할 수 있었다. 거룩한 사람이어야 거룩한 기도를 할 수 있다. 거룩한 존재는 거룩한 행위 없이 존재할 수가 없다. 존재가 먼저고 행위는 다음에 온다. 우리의 됨됨이가 우리 존재를 결정하고 우리가 하는 일에 영향과 영감을 준다. 우리의 골수 깊은 곳에 지워지지 않게 또한 없어지지 않게 새겨진 인격이 우리 행위 전체를 채색한다.

하늘의 방문객을 부르는 기도

그러기에 그리스도의 기도는 그리스도의 인격과 분리될 수 없다. 만일 그가 다른 사람보다 더 힘있게, 더 자신을 부인하면서 더 거룩하게 더 단순하게 직접적으로 기도했다면 그것은 그러한 인격적 요소들이 다른 사람보다 더 깊이 더 넓게 그에게 배어 있었기 때문이다.

변화산의 사건은 그의 생애에 있어서 새로운 기원을 이루는 것인데, 그것은 특히 기도에 있어서 새로운 기원이다. 누가는 이 사건의 목적과 의도를 설명하고 있다.

"이 말씀을 하신 후 팔 일쯤 되어 예수께서 베드로와 요한과 야고보를 데리시고 기도하시러 산에 올라가사 기도하실 때에 용모가 변화되고 그 옷이 희어져 광채가 나더라 문득 두 사람이 예수와 함께 말하니 이는 모세와 엘리야라 영광 중에 나타나서 장차 예수께서 예루살렘에서 별세하실 것을 말씀할새."

기도 가운데 제자 중에서 가장 친밀히 교제하는 내집단이 될 세 사람을 택하였다. 이러한 내집단에 들어올 만한 영적 자질과 가능성을 가진 사람은 적었다. 은총을 입은 이들 세 사람들조차도 밤을 지새는 긴 기도를 감당할 수 없었다. 주님이 산에 올라 가셨을 때 기도하러 올라가셨지 변화되러 가신 것이 아니다. 그러나 기도하는 중에 그의 용모가 변하였고 그의 옷이 희어졌으며 빛나게 되었다. 인격을 변화시키며 행위를 거룩하게 하는 것은 기도 외에는 없다. 우리에게 있어서 어둡고 황량한 산을 하늘의 영광으로 가득 차게 하고 하늘의 방문객이 오게 하는 것은 기도 외에는 없다. 베드로는 그것을 기도로 말미암는 거룩한 산이라고 부른다.

괴로운 한 잔

세례 요한에게 세례받을 때에 하나님의 음성이 그의 아들 예수 그리스도를 하나님의 아들이라고 세 번 증거했다. 그런 후 변화산에서 확인하며 위로하며 증거하는 아버지의 음성이 들렸다. 이 두 번의 경우는 그가 기도하고 있을 때였다. 세 번째 확인하는 음성은 변화산의 영광 가운데서도 아니요, 그의 싸움을 시작하며 사역에 돌입하기 위하여 무장할 때도 아니었다. 오히려 무서운 종말을 향하여 서두르고 있을 때였다. 그가 마지막 절규라는 신비한 어둠 속으로 들어가고 있을 때였다. 어둠의 그림자가 깊어가고 무서운 정적이 엄습하고 알지 못하며 겪어보지 못한 공포가 그 앞에 있었다. 그에게 다가오고 있는 죽음을 골똘히 생각하며 또 그것을 예고하며 앞으로 올 영광을 예견하면서 신비롭고 고귀한 말씀을 나눌 때에, 그 그림자는 암흑이 깔리듯 다가오고 그는 절규하는 기도를 토하였다.

"지금 내 마음이 민망하니 무슨 말을 하리요 아버지여 나를 구원하여 이때를 면하게 하여 주옵소서 그러나 내가 이를 위하여 이때에 왔나이다 아버지여 아버지의 이름을 영광스럽게 하옵소서 하시니 이에 하늘에서 소리가 나서 가로되 내가 이미 영광스럽게 하였고 또다시 영광스럽게 하리라 하신대 곁에 서서 들은 무리는 우뢰가 울었다고도 하며 또 어떤 이들은 천사가 저에게 말하였다고도 하니 예수께서 대답하여 가라사대 이 소리가 난 것은 나를 위한 것이 아니요 너희를 위한 것이니라."

그러나 그리스도는 이 숙명적이며 고통스러운 시간을 기도로 맞아들이며 조명하고 있었다. 어떻게 이처럼 빨리 그가 예기된 종말을 받아들일 수 있었겠는가!

그가 십자가 위에서 그의 원수들을 위해 드린 기도는 원수를 사랑하라는 가르침, 그리고 우리에게 범죄한 자들에게 용서와 긍휼을 베풀라는 그의 가르침과 완전히 일치한다.

"이에 예수께서 가라사대 아버지여 저희를 사하여 주옵소서 자기의 하는 것을 알지 못함이니이다 하시더라 저희가 그의 옷을 나눠 제비뽑을새."

죽음의 고통을 당하고 또 그들의 손이 그의 피로 피비린내가 나고 있는 가운데서도, 자신을 죽게 한 그들을 용서하는 주님의 기도. 그것은 너무나 놀라운 사랑이요, 긍휼이요, 관대함이다!

십자가 위에서 드린 기도 중 다른 하나를 생각해 보자. 그 잔이 얼마나 괴로우며 그 기도가 얼마나 심금을 울리는가! 얼마나 어둡고 괴로운 시간이기에 이렇게 부르짖었겠는가!

"나의 하나님 나의 하나님 어찌하여 나를 버리셨나이까?"

그것은 그의 마음을 둘로 갈라놓는 마지막 매질이며, 유다의 입맞춤보다 더 마음을 찌르고 더 고통스럽고 더 쓴 것이었다. 이 모든 것이 이미 예견되었고, 그의 책에 이미 기록된 것이었다. 그러나 아버지께서 그 얼굴을 돌리시고 하나님께 버림받은 너무나 고통스러운 시간이기에 죽어가는 하나님의 아들의 입에서 이러한 말이 흘러나온 것이다! 그러면서도 그는 끝끝내 자신을 의탁하였다. 그는 얼마나 어린아이 같은가! 그리고 마침내 최후의 종말이 왔을 때 그는 다시 아버지께 말하였다.

"예수께서 큰소리로 불러 가라사대 아버지여 내 영혼을 아버지 손에 부탁하나이다 하고 이 말씀을 하신 후 운명하시다."

8

예수님의 기도 모델 1 주기도문

우리가 헛된 기도를 하지 않도록 어떻게 기도해야 하는지 그 내용과 태도를 하나님께 직접 배운다면 얼마나 좋을까! 이 기도가 얼마나 소중한지, 이 기도를 얼마나 존중하고 관심을 기울여야 할지, 이 기도를 얼마나 선호해야 할지, 이 기도가 얼마나 온전하고 충만한지, 이 기도를 얼마나 자주 사용해야 할지, 이 기도를 할 때 어떤 마음을 가져야 할지, 이것들을 아무리 많이 생각해도 지나치지 않다. "주여, 우리에게도 기도를 가르쳐 주옵소서." _아담 클라크

기도의 모델

예수님은 흔히 "주기도문"이라고 알려진 기도의 모델을 우리에게 주셨다. 그는 이 완벽한 모델 기도에서 우리가 따라야 할 법칙을 주셨다. 그러나 그것은 우리가 기도할 때 더 채워져야 되고 더 확대되어야 할 것이다. 그 개요와 형식은 완전하지만 그것은 우리의 필요와 확신을 채워 넣어야 할 많은 공백을 가진 개요인 것이다.

그리스도는 우리 입술에 말을 주셨다. 그 말은 거룩한 삶을 통하여 표현되어야 할 것들이다. 말은 기도 생활에 속해 있다. 말 없는 기도는

마치 인간의 영과 같아서, 아주 고결하고 고상할지는 모르지만 세상에서의 싸움과 세상의 갈등과 필요와 사용을 위하여서는 공기와 같이 만져지지 않는 것이다. 우리의 영은 혈과 육으로 옷 입혀져야 하고, 마찬가지로 우리의 기도도 말로 옷을 입음으로써 요점과 능력과 위치와 이름을 가져야 한다.

제자들의 "주여, 우리에게도 기도를 가르쳐 주옵소서"라는 요청에 의해서 주어진 "주님의 기도"는 산상수훈의 기도 부분처럼 형식과 용어를 가지고 있다. 그것은 "하늘에 계신 우리 아버지"께 기도하는 중요한 교훈이며 다른 중요한 교훈처럼 중요한 교훈이다. 기도에 관한 어떤 교훈도 그것 없이는 완전하지 못하다. 그것은 기도에 관한 첫 번째 교훈이요 마지막 교훈이다. 하나님이 아버지 되심은 우리의 모든 기도에 형태와 가치와 확신을 준다.

그는 우리에게 하나님의 이름을 거룩케 하는 것이 기도에 있어서 제일 가는 것이며 또한 가장 중요한 것이라고 가르치신다. 하나님의 이름이 거룩히 여김을 받게 하는 내용 뒤에 하나님의 영광스런 나라가 영광 중에 오며 세워질 것을 바라는 소원이 뒤따라 나온다. 하나님의 이름을 참으로 거룩케 하는 사람은 하나님의 나라가 임하는 것을 찬양할 것이며 그 나라가 임하여 세워질 것을 위하여 기도하며 노력할 것이다.

기도의 학교에 있는 그리스도의 학생들에게는 하나님의 이름을 거룩케 하기를 부지런히 가르쳐야 하며, 하나님 나라를 위해 노력해야 하고, 하나님의 뜻이 하늘에서 이루어진 것같이 온전히 기쁘게 이루려 하도록 가르쳐야 한다.

기도는 하나님의 지고의 유익을 추구하고 하나님의 지고한 영광을 드러낸다. 하나님의 이름, 하나님의 나라, 하나님의 뜻, 모두가 그 안에 있다.

기도가 없으면 그의 이름이 망령되이 일컬음을 받을 것이며 그의 나라가 약해지며, 그의 뜻이 비난받으며 방해받는다. 하나님의 뜻은 하늘에서 이루어진 것처럼 땅에서도 이루어질 수 있다. 땅에서 이루어지는 하나님의 뜻은 땅을 천국으로 만든다. 끈질긴 기도는 하늘에서 하나님의 뜻이 이루어진 것처럼 땅에서도 이루어지게 하는 놀라운 힘이다.

이어서 기도는 일용할 양식을 위한 매일의 노고를 거룩하고 아름답게 하며 그에 대한 희망을 갖게 한다. 기도를 통해 죄 용서를 구해야 한다. 죄 용서를 위해 우리가 드릴 수 있는 위대한 기도는 우리에게 죄 지은 모든 사람을 이미 용서하는 것이다. 그것에는 우리의 적에 대한 사랑이 포함되는데, 그것은 우리에 대한 그들의 과실이 어떠한 것이라 해도 그것을 정죄하지 않고 그들을 용서해 주며 축복해 줄 정도로 사랑하는 것을 의미한다.

"우리를 시험에 들게 하지 마옵시고"라고 기도해야 되는데 그것은 우리가 그렇게 기도하는 동안 시험하는 자와 시험에 대하여 경계하고 대항하며 기도하라는 것이다.

예수님이 가르쳐 주신 기도

이 모든 것들을 주님은 모델 기도의 법칙 안에 두셨다. 그러나 그 기본법에 간단한 설명과 함께 이에 대한 확장과 표현을 덧붙이셨다.

그가 제자들에게 가르친 이 기도는 어린 시절에 어머니의 무릎에서 기도를 배운 수많은 사람들에게 너무나 잘 알려진 것이며 그 언어는 어린 아이들이 사용하는 언어 같아서, 어린 아이들도 그들의 무릎을 꿇고 기도할 때 그 가운데서 위로와 교훈과 가르침을 발견한다. 아무리 열정적인 신비주의자나 아무리 사려 깊은 사상가들도 이 기도문의 단순한 어휘에서 자신들이 사용하는 언어를 찾아내곤 한다. 이 어휘들이 아름답고 고상하지만 그것들은 우리에게 위로와 도움을 배움을 주는 어휘들이다.

그는 그 기도로 길을 제시함으로써 우리가 그의 발자취를 따라갈 수 있게 하셨다. 비길 수 없는 기도를 가르쳐 주신 비길 수 없는 지도자! 주여, 당신 자신이 기도한 것처럼 우리에게 기도를 가르쳐 주옵소서!

"주기도"와 제사장의 기도 사이에는 엄청난 차이가 있다. 주기도는 주님께서 그의 제자들에게 기도의 제일 가는 요소로서 주신 것이다. 얼마나 단순하며 어린아이와 같은가! 그 누구도 간구함에 있어서 그토록 간결하게, 구하는 내용에 있어서 그처럼 포괄적으로 접근하지 못하였다.

우리 주님이 우리에게 제시한 이 기도의 간결한 요소들 자체가 우리에게 제시하는 바가 얼마나 분명한가! 이 기도는 예수님께 처음 이 기도문을 받은 사람에게는 물론 지금의 우리를 위한 것이기도 하다. 이것은 기도의 A, B, C로 어린아이들을 위한 것이며 동시에 최고 학문을 배우는 사람들을 위한 것이다. 이것은 개인적인 기도로 우리의 모든 필요와 우리의 모든 죄를 다룬다. 또한 다른 사람을 위한 최고 형태의 기도이다.

학자들이 그들의 모든 학문에 있어서 A, B, C를 필요 없다고 할 수 없듯이, 또한 알파벳이 모든 배움에 있어서 형식과 의미를 주며 그 표현 수단인 것처럼 그리스도 안에서 배우는 자들도 결코 주님의 기도 없이 지낼 수 없다. 그러나 또한 주님은 주기도가 보다 높은 차원의 기도를 위한 기초가 되어 다른 사람들을 위한 제사장적 기도가 되게 하셨다.

주님의 기도는 어머니의 무릎에서 배운 우리의 기도이며, 기쁨이 넘치는 그리스도인의 삶의 모든 단계에서 우리에게 꼭 맞는 것이다. 제사장적 기도는 하나님 앞에 있는 중보자로서의 우리의 제사장적 기도이며, 그 단계에서 우리에게 있어야 할 기도이다. 여기에 우리는 하나님과 심오한 영적 연합을 갖게 되며, 하나님의 영광을 위해 살고 기도함으로써 결코 흔들림 없는 충성을 하게 된다.

9

예수님의 기도 모델 2 제사장적 기도

예수님은 모방할 수 없는 평온함과 확신과 숭고함으로 그의 생애를 마치셨다. "아버지께서 내게 하라고 주신 일을 내가 이루어 아버지를 이 세상에서 영화롭게 하였사오니." 세상의 어떤 기록도 진정한 평온함과 숭고함에 있어서 그것과 비교될 수 없다. 그처럼 우리도 그리스도께 최고의 충성을 다하는 가운데 우리의 종말을 맞이하여야 할 것이다. _E. M. 바운즈

내가 저희를 위하여 비옵나니

이제 요한복음 17장에 기록된 주님의 제사장적 기도에 대하여 살펴보기로 하자.

아버지께 대한 순종 그리고 아버지 안에 거하는 것은 아들의 본분이며, 그리스도와 함께 중보라는 신성한 사역에 동참하는 우리들의 본분이다. 그리스도께서 제자들을 위해 한 기도는 얼마나 자상하고 정감 있으며 열정적인가!

"내가 저희를 위하여 비옵나니 내가 비옵는 것은 세상을 위함이 아

니요 내게 주신 자들을 위함이니이다 저희는 아버지의 것이로소이다."

얼마나 훌륭한 기도의 본인가? 하나님의 백성은 하나님의 대의를 추구해야 하고 하나님의 교회와 하나님의 나라를 추구해야 한다. 하나님의 백성을 위하여, 그들의 하나 됨을 위하여, 그들의 성화를 위하여, 그들의 영화를 위하여 기도하라. 그들이 하나 되는 것은 그에게 중요한 관심사였다! 분열과 소외, 갈라진 하나님의 권속들, 교파간의 투쟁들—이런 분열들로 인해 우리 주님은 다시 찢기고 피흘리고 고통을 당하신다. 하나 됨! 이것이야말로 제사장적 기도의 가장 중심적인 내용이다!

"이는 우리가 하나가 된 것같이 저희도 하나가 되게 하려 함이니이다."

하나님의 백성의 영적 하나 됨. 이것은 하나님의 백성들에게 주어진 하나님의 영광의 유업으로 그리스도로 인하여 그의 교회에 전달된 것이다.

우선 이 기도에서 예수님은 겟세마네에서처럼 간구하지도 않고, 약함 가운데가 아니라 강함 가운데 자신을 위해서 기도하신다. 이제는 어둠과 지옥의 압박은 없다. 대신 잠깐의 무서운 시간을 보내면서 그는 자신이 영화롭게 될 것과 그 영화로 인해 아버지께 영광이 되기를 기도한다. 하나님께 대한 그의 숭고한 충성심과 신실성이 선포되었다. 하나님께 대한 그 충성심은 중보 기도의 정수이다. 우리의 헌신된 삶이 기도한다. 우리의 하나님께 대한 변치 않는 충성이 하나님께 웅변과 같은 간구가 되며, 하나님 앞에 나아가게 하고 우리가 구하는 것을 얻을 것이라는 확신을 갖게 한다. 이러한 기도는 보석처럼 아름답고 그 담장은 견고하다. 얼마나 심오하고 확실한 진리인가! 그 신비함은 측량할 수 없다! 다음의 기도 내용은 참으로 깊고 풍부한 경험이다.

"영생은 곧 유일하신 참 하나님과 그의 보내신 자 예수 그리스도를 아는 것이니이다."

"내 것은 다 아버지의 것이요 아버지의 것은 내 것이온데 내가 저희로 말미암아 영광을 받았나이다."

"내가 아버지의 이름을 저희에게 알게 하였고 또 알게 하리니 이는 나를 사랑하신 사랑이 저희 안에 있고 나도 저희 안에 있게 하려 함이니이다."

"아버지여 창세 전에 내가 아버지와 함께 가졌던 영화로써 지금도 아버지와 함께 나를 영화롭게 하옵소서."

잠시 멈추어 우리가 영생을 가지고 있는지 질문해 보자. 우리는 하나님을 경험적으로 알고 있으며 의식하고 있는가? 그리고 우리는 그를 실제로 또한 개인적으로 알고 있는가? 우리는 예수 그리스도를 인간으로서 또한 개인의 구주로서 알고 있는가? 우리는 그를 마음으로 잘 알고 있는가? 이것이 오직 이것이 영원한 생명이다. 예수님은 우리 안에서 영광을 받으시는가? 이 개인적 질문을 계속하도록 하자.

우리의 삶은 그의 신성을 입증하는가? 우리 때문에 예수님께서 더 빛나고 있는가? 우리의 몸은 불투명한가 아니면 투명한가? 우리는 그의 순수한 빛을 반사하는가 아니면 빛을 죽이고 있는가? 한 가지 더 묻는다면, 우리는 하나님의 영광을 구하고 있는가? 그리스도께서 구했던 곳에서 그 영광을 구하고 있는가? "아버지와 함께 나를 영화롭게 하옵소서." 우리는 하나님의 존재와 하나님을 소유한 것을 우리의 가장 귀한 영광과 최고 좋은 것으로 여기고 있는가?

그 이름의 능력으로

주님은 자신과 아버지를 자기 백성에게 아주 가까이 묶어 놓고 있다. 그의 마음은 아버지와의 거룩한 교제 시간에도 자기 백성들에게 향하고 있다.

"세상 중에서 내게 주신 사람들에게 내가 아버지의 이름을 나타내었나이다 저희는 아버지의 것이었는데 내게 주셨으며 저희는 아버지의 말씀을 지키었나이다 지금 저희는 아버지께서 내게 주신 것이 다 아버지께로서 온 것인 줄 알았나이다 나는 아버지께서 내게 주신 말씀들을 저희에게 주었사오며 저희는 이것을 받고 내게 아버지께로부터 나온 줄을 참으로 아오며 아버지께서 나를 보내신 줄도 믿었사옵나이다 내가 저희를 위하여 비옵나니 내가 비옵는 것은 세상을 위함이 아니요 내게 주신 자들을 위함이니이다 저희는 아버지의 것이로소이다 내 것은 다 아버지의 것이요 아버지의 것은 내 것이온데 내가 저희로 말미암아 영광을 받았나이다."

그는 또한 이 제자들을 보존하여 주실 것을 기도했다. 그들은 선택받고 선발되고 소유되었을 뿐 아니라, 아버지의 지키시는 눈과 전능하신 손으로 보존된다.

"나는 세상에 더 있지 아니하오나 저희는 세상에 있사옵고 나는 아버지께로 가옵나니 거룩하신 아버지여 내게 주신 아버지의 이름으로 저희를 보전하사 우리와 같이 저희도 하나가 되게 하옵소서."

그는 거룩하신 아버지께서 그 이름의 능력으로 거룩하게 보전하여 주기를 기도했다. 그는 자기 백성들을 죄로부터, 모든 죄로부터, 구체적인 죄와 추상적인 죄로부터, 모든 악한 모양의 죄로부터, 이 세상의 모든 죄로부터 보전해 주실 것을 구했다. 그는 그들이 하늘에 들어가기에 적합하며 들어갈 준비가 되기를, 그뿐 아니라 세상의 삶에서도 적합하며 준비가 되기를, 가장 아름다운 특권과 엄중한 의무와 심한 슬픔과 넘치는 기쁨에 적합하게 되기 위해 기도했다.

"내가 비옵는 것은 저희를 세상에서 데려가시기를 위함이 아니요 오직 악에 빠지지 않게 보전하시기를 위함이니이다."

아버지의 날개 아래

그는 또한 그들을 세상의 가장 큰 악인 죄로부터 지켜 줄 것을 기도했다. 그는 그들이 죄책과 죄의 능력과 죄의 오염과 죄의 심판으로부터 보전되기를 기도했다. 영어성경RV에는 "아버지께서 그들을 악한 자로부터 보전하시기를"요 17:15이라고 되어 있다. 마귀로부터 보호를 받아 마귀가 저들을 건드리지도 못하며, 그들을 찾지도 못하고, 그들 속에 있을 자리도 없게 되고, 그래서 저들이 온전히 하나님의 소유가 되며, 그에 의해서 점유되며, 충만해지며 보존 받을 것을 기도했다. "구원을 얻기 위하여 믿음으로 말미암아 하나님의 능력으로 보호하심을 입었나니"벧전 1:5.

그는 우리를 아버지의 손안에, 아버지의 품안에, 아버지의 마음속에 갖다 놓는다. 그는 하나님이 일하실 것을 요청하였고, 하나님을 전면에 세워 놓았고, 그리고 우리를 아버지의 긴밀한 보호 아래, 아버지의 그늘 아래, 아버지의 날개 아래 있게 하였다. 아버지의 지팡이와 막대기는 우리의 안전이며, 우리의 위로며, 우리의 피난처이며, 우리의 힘이며, 우리의 인도인 것이다.

주님은 이들 제자들을 세상에서 데려가지 않고 오직 악으로부터 지키신다. "현재의 악한 세상"말이다. 이 세상은 인간을 유혹하며 속이며 혼미케 한다. 예수님의 제자들은 세상에서, 세상의 요란함과 세속성에서, 모든 것을 집어삼키는 탐욕에서, 돈에 대한 욕망과 돈에 대한 사랑과 돈을 위한 수고에서 선택을 받았다. 이 땅은 마치 흙이 아니라 금으로 만들어진 것처럼, 무덤이 아니라 다이아몬드로 덮인 것처럼 우리를 이끌어 붙잡아 맨다.

세상과의 결별

"내가 세상에 속하지 아니함같이 저희도 세상에 속하지 아니하였삽나이다." 그들은 죄와 사단으로부터 보호를 받을 뿐 아니라 그리스도께서 자유했던 것처럼 세상의 먼지와 때와 흔적으로부터 보호를 받았다. 그들과 그리스도와의 관계는 그들을 세상의 더럽히는 오염으로부터, 거룩하지 못한 사랑으로부터, 죄악된 교제로부터 자유하게 한다. 또한 그들은 그리스도를 닮았기 때문에 필연적으로 세상의 미움을 받게 된다. 이 원인처럼 필연적으로 그리고 보편적으로 결과가 따라오는 것은 없다. "세상이 저희를 미워하였사오니 이는 내가 세상에 속하지 아니함같이 저희도 세상에 속하지 아니함을 인함이니이다."

이 선언의 반복만큼 엄숙하고 두렵기조차 한 것은 없을 것이다. 우리 주님과 세상의 결별은 얼마나 분명하고 결연하고 영원한가! 세상은 주님을 미워하는 것처럼 제자들을 미워하며, 주님을 십자가에 못 박았던 것처럼 제자들도 못박을 것이다. 우리는 그리스도처럼 세상에 속하지 않은 속성을 가졌는가? 세상은 주님을 미워한 것처럼 우리도 미워하는가? 주님의 말씀이 우리에게도 이루어지는가?

"세상이 너희를 미워하면 너희보다 먼저 나를 미워한 줄을 알라 너희가 세상에 속하였으면 세상이 자기의 것을 사랑할 터이나 너희는 세상에 속한 자가 아니요 도리어 세상에서 나의 택함을 입은 자인고로 세상이 너희를 미워하느니라."

예수님은 세상에 속하지 않은 그리스도인의 모습으로 자신을 우리 앞에 제시하신다. 여기에 우리의 변하지 않는 모범이 있다. "내가 세상에 속하지 아니함같이 저희도 세상에 속하지 아니하였다." 우리는 이 모범을 따라야 한다.

하나님의 백성의 하나 됨

제자들의 하나 됨연합 문제도 주님께는 중요한 것이었다. 주님은 이 문제에 대한 아버지의 관심을 어떻게 요구했는가? 그리고 그의 제자들이 하나 됨을 위하여 어떻게 간구했는가? "나는 세상에 더 있지 아니하오나 저희는 세상에 있사옵고 나는 아버지께로 가옵나니 거룩하신 아버지여 내게 주신 아버지의 이름으로 저희를 보전하사 우리와 같이 저희도 하나가 되게 하옵소서."

그는 세월이 흐르면 많은 무리들이 자신의 깃발 아래로 몰려올 것을 보면서 다시 이 문제로 돌이킨다.

"아버지께서 내 안에, 내가 아버지 안에 있는 것같이 저희도 다 하나가 되어 우리 안에 있게 하사 세상으로 아버지께서 나를 보내신 것을 믿게 하옵소서 내게 주신 영광을 내가 저희에게 주었사오니 이는 우리가 하나가 된 것같이 저희도 하나가 되게 하려 함이니이다 곧 내가 저희 안에, 아버지께서 내 안에 계셔 저희로 온전함을 이루어 하나가 되게 하려 함은 아버지께서 나를 보내신 것과 또 나를 사랑하심같이 저희도 사랑하신 것을 세상으로 알게 하려 함이로소이다."

그리스도의 마음이 이 하나 됨에 의도적으로 고정되어 있음을 주목하자. 하나님의 교회의 역사는 이 하나 됨이 없는 얼마나 수치스럽고 피비린내 나는 역사인가! 분열의 벽과 소외, 찢겨진 하나님의 권속들, 인종간의 싸움, 형제를 서로 죽이는 싸움들! 하나님은 이것을 미리 보았으며 또한 그리스도가 장래의 이 모든 안타까운 일들로 인해 새로이 고난을 당하며 찢기며 피 흘려야 하는지를 내다보았다. 하나님의 백성의 하나 됨은 그들에게 약속된 하나님의 영광이 유산이어야 했다. 분열과 싸움은 마귀가 교회에 준 유물이며 낭패와 약함과 수치와 화의 유산이다.

하나님의 백성의 하나 됨은 세상을 향한 그리스도의 지상사역의 신성에 대한 하나의 보증이다. 우리 함께 허심탄회하게 자문해 보자. 과연 우리는 그리스도가 기도한 것처럼 이 하나 됨을 위해서 기도하고 있는가? 우리는 하나님의 백성이 하나 될 때 나타나는 하나님의 평안과 안녕과 영광과 능력과 신성을 추구하고 있는가?

완전한 경건

다시 돌아가서 예수께서 제자들이 비세속성을 소유하기를 기도하시면서 자신을 이의 옹호자와 모범으로 제시하신 것을 주시하자. 그는 아버지께서 그를 보내신 것같이 그들을 세상에 보내신다. 그는 자신이 아버지를 위해 어떤 존재가 되며 어떤 일을 한 것처럼, 제자들도 그렇게 되기를 기대한다. 그는 제자들이 거룩하게 되어 온전히 하나님께 드리며 죄로부터 정결하게 되기를 바라셨다. 그는 그들에게 하나님을 위한 거룩한 삶을 살고 거룩한 사역을 하기를 소망했다. 그는 자신을 죽음에 내맡기어 그들의 삶이 하나님께 바쳐지게 했다. 그는 영혼과 몸과 마음이 이 세상에서부터 영원까지 진정으로 온전히 그리고 철저히 거룩하게 되기를 기도했다. 그에게는 말씀 자체가 그들의 참다운 성화와 깊은 관계가 있었다. "저희를 진리로 거룩하게 하옵소서 아버지의 말씀은 진리니이다."

완전한 경건이 그들의 성화의 모형이 되어야 했다. 그들의 성화를 위한 기도는 완전한 성화로 가는 길로 인도하는 표지이다. 기도는 그리로 가는 길이다. 그 고상하고 완전한 성화로 올라가는 계단은 모두 기도의 계단으로, 이 곳에서는 영으로 하는 기도가 증가하며 실제로 하는 기도가 증가한다. "쉬지 말고 기도하라"는 것은 "평강의 하나님이 친히 너희로 온전히 거룩하게" 하는 필수적인 전주곡이다. 그리고 기도는 이 풍성한 은혜가 마음에 넘침에 대한 찬양이며 계속되는 간주곡이다. "평강의 하나님이 친히 너희로 온전히 거룩하게 하시고 또 너희 온 영과 혼과 몸이 우리 주 예수 그리스도 강림하실 때에 흠없게 보전되기를 원하노라 너희를 부르시는 이는 미쁘시니 그가 또한 이루시리라."

우리의 그리스도 우리 주께서 거룩케 된 것처럼 우리가 성화의 길을 갈 때 우리의 책임을 다하게 되고 지고의 사명을 완수하게 된다. 그는 아버지께서 그를 세상에 보낸 것처럼 우리를 세상으로 보낸다. 그는 우리가 자신과 같은 존재가 되며 그가 행한 것처럼 행하며 그가 아버지께 영광을 돌린 것처럼 영광을 돌리기를 기대한다.

"아버지여 내게 주신 자도 나 있는 곳에 나와 함께 있어 아버지께서 창세 전부터 나를 사랑하시므로 내게 주신 나의 영광을 저희로 보게 하시기를 원하옵나이다." 그가 하늘에서 가지는 것을 우리도 갖기를 얼마나 간절히 갈망하는가! 이렇듯 진지하며 사랑이 넘치는 그리스도의 소원에 대해 우리의 나태한 마음이 나타내는 반응은 무엇인가? 하늘에서 그가 갈망하는 것처럼 우리는 하늘을 열망하는가? 주님의 "내가 원하옵나이다"라는 말이 얼마나 잔잔하며 장엄하고 위엄 있는가!

예수님은 아무도 모방할 수 없는 평온함과 확신과 숭고함으로 생을 마치셨다. "아버지께서 내게 하라고 주신 일을 내가 이루어 아버지를 이 세상에서 영화롭게 하였사오니."

세상의 어떤 기록도 진정한 평온함과 숭고함에 있어서 그것과 비교할 수 없다. 우리도 그리스도께 최고의 충성을 다하는 가운데 우리의 종말을 맞이해야 할 것이다.

10

예수님의 기도 모델 3 겟세마네 기도

이 잔을! 이 잔을! 이 잔을! 우리 주님은 많은 말을 하지 않으셨다. 짧은 말을 거듭 거듭 반복하셨다. '이 잔을'과 '아버지의 뜻'이었다. 아버지의 뜻이 이루어지를 원한다는 것과 이 잔이라는 말이 그의 기도의 전부였다. "이 잔을! 이 잔을! 이 잔을!"하고 그리스도는 부르짖었다. 처음에는 서서, 다음에는 무릎을 꿇고 그러고는 얼굴을 땅에 대고……. "주여, 우리에게 기도를 가르쳐 주옵소서!" _알렉산더 화이트

입술에 닿은 가장 쓴 잔

우리는 이제 겟세마네에 와 있다. 얼마나 대조적인가! 제사장적 기도는 모든 것을 포용하고 세계적이며, 그의 교회를 향한 무한한 동정과 관심을 강력하게 나타내는 기도였다. 완전한 평온과 완전한 쉼이 지배했다. 그는 위엄이 있었으며 격정과 소란으로부터 떠나 있었으며 마음은 아주 단순했다. 다른 사람을 위한 중보와 대언과 간구는 왕의 칙령과 같이 권위 있고 결정적인 것이었다.

얼마나 달라졌는가! 겟세마네에서 그는 다른 영역으로 들어갔고 다

른 사람이 된 것 같았다. 그의 제사장적 기도는 그 흐름이 잔잔하면서도 섬세했고, 깊고 강하면서도 시끄럽지 않았다. 그것은 마치 차감됨이 없는 광채를 지니고, 모든 것을 찬란하게 하며 생명력을 주며 고귀하게 하며 복되게 하는 태양이 정오를 향하여 움직이는 것과 같다. 겟세마네 기도는 그 태양이 서쪽으로 져서 폭풍의 바다로 잠기는 것과 같다. 주위의 모든 것에 구름이 덮여 두려움과 어둠과 음침함과 사나운 노도가 있는 그런 것과 같다.

겟세마네의 기도는 모든 면에서 예외적이다. 세상 죄라는 엄청나게 무거운 짐이 그를 내리눌렀다. 그의 최악의 순간이 다가왔다. 그가 마셔야 할 가장 쓴 잔이 그의 입술에 와 닿았다. 극도의 무력함이, 가장 큰 슬픔이, 엄청난 고통이 그에게 엄습하고 있었다. 심장의 피가 흘러나는 듯 그의 온 육체에서 핏방울이 떨어지고 있었다. 그의 적들은 승리를 얻었다. 지옥은 환호했고 악한 사람들이 지옥의 축제에 참여하고 있었다.

겟세마네는 사탄의 시간이며, 사탄의 권세며, 사탄의 어둠이었다. 그것은 사탄이 마지막 싸움에 자기의 온 힘을 가하는 시간이었다. 예수님께서는 "이 세상 임금이 오겠음이라 그러나 저는 내게 관계할 것이 없으니"라고 말씀하셨다. 이 세상의 주관자가 되기 위한 싸움이 그 앞에 있다.

성령께서는 그를 광야로 이끌어 들여 심한 시험과 갈등을 겪게 하셨다. 그러나 이제 일생 동안 그의 위로자와 인도자와 영감이 되었던 성령이 그를 떠나려는 듯 했다. "그는 심히 놀라며 슬퍼했다"고 했으며 그러한 가운데 "내 마음이 심히 고민하여 죽게 되었다"라고 말한다. 좌절과 갈등과 고민이 그의 심령에 자리잡았고 죽음의 지경까지 그를 휘몰아 넣었다. 그는 심히 놀랐다.

그의 영혼은 놀라고 무서워했다. "너무 괴로왔다." 그의 영혼에 닥친 지옥의 한밤이었다. 모든 사람, 모든 세상의 모든 죄가 그의 깨끗한 영혼에 죄책과 오점으로 가득 차게 한 시간이었다.

잠들어 버린 파수꾼

그는 그가 택한 제자들이 있는 곳에 있을 수가 없었다. 그들은 이 무서운 시간의 심연으로 들어갈 수가 없었다. 그가 믿고 세워 놓은 파수꾼들은 잠들어 버렸다. 아버지는 얼굴을 가리우셨다. 아버지의 인정해 주는 음성도 잠잠했다. 그가 시험받을 때 늘 함께했던 성령도 그 현장에서는 떠나버린 듯 했다.

그는 홀로 그 잔을 들어야 했으며, 홀로 하나님의 불 같은 진노의 포도주 틀에 밟혀야 했으며, 사탄의 권세와 어두움에 짓눌려야 했으며, 사람들의 질투와 잔인함과 복수심에 찔려야 했다. 그 장면을 누가는 다음과 같이 설명하고 있다.

"예수께서 나가사 습관을 좇아 감람산에 가시매 제자들도 좇았더니 그곳에 이르러 저희에게 이르시되 시험에 들지 않기를 기도하라 하시고 저희를 떠나 돌 던질 만큼 가서 무릎을 꿇고 기도하여 가라사대 아버지여 만일 아버지의 뜻이어든 이 잔을 내게서 옮기시옵소서 그러나 내 원대로 마옵시고 아버지의 원대로 되기를 원하나이다 하시니 사자가 하늘로부터 예수께 나타나 힘을 돕더라 예수께서 힘쓰고 애써 더욱 간절히 기도하시니 땀이 땅에 떨어지는 피방울같이 되더라 기도 후에 일어나 제자들에게 가서 슬픔을 인하여 잠든 것을 보시고 이르시되 어찌하여 자느냐 시험에 들지 않게 일어나 기도하라 하시니라."

겟세마네의 고뇌에 찬 기도는 갈보리를 영광으로 관 씌우게 했으며 십자가상에서 드린 주님의 기도는 약함과 강함이 한 데 만나고, 심한 고뇌와 고민과 외로움이 가장 고요한 평정과 가장 거룩한 순종과 확신으로 이어지는 경험이었다.

어떤 선지자나 제사장이나 왕이나 통치자도 교회에서든 회당에서든 예수 그리스도의 생애에서처럼 그렇게 놀랍고 다양하며 능력 있고 향기로운 기도의 사역을 할 수 없다. 그것은 가장 값진 하나님의 향료에서 나는 향내며, 하나님의 영광의 불꽃이며, 하나님의 뜻에 의해 불타는 것이었다.

아버지의 원대로 되기를 원하나이다

우리는 겟세마네의 기도에서 예수님의 기도 중 다른 어느 곳에서도 발견할 수 없는 것을 발견한다.

"가라사대 아버지여 만일 아버지의 뜻이어든 이 잔을 내게서 옮기시옵소서 그러나 내 원대로 마옵시고 아버지의 원대로 되기를 원하나이다 하시니."

이것은 일반적인 예수님의 기도와는 다르다. 그의 제사장적 기도와도 아주 다르다! "아버지의 뜻대로 하겠다"는 것이 그 기도의 법칙이고 생명이다. 기도에 대한 마지막 가르침에서 그는 우리의 의지를 기도의 조건과 척도로 삼고 있다. "너희가 내 안에 거하고 내 말이 너희 안에 거하면 무엇이든지 원하는 대로 구하라 그리하면 이루리라." 그는 수로보니게 여인에게 "네 믿음이 크도다 네 소원대로 되리라"고 말씀하셨다.

그러나 겟세마네에서의 그의 기도는 하나님의 선포된 뜻에 어긋나는 것이었다. 그에게 가해진 압박은 매우 무거웠고 잔은 너무 쓴 것이었기에 또한 짐이 너무 이상스럽고 견딜 수 없는 것이기에 육체가 그것을 벗고자 울부짖었다. 죽을 정도로 지치고 실망하며 비애에 차서 그는 지기에 너무 무거워 보이는 그 짐을 벗어버리려고 애쓰셨다. 그러나 그의 기도는 하나님의 뜻을 거스르지 않고 오히려 순종하면서 하나님의 계획과 목적을 변경시키려는 것이었다. 연약한 육체와 악의에 가득 차 무섭게 밀려오는 지옥의 거대한 힘 앞에서 예수님께서는 이때에 오직 한 번 하나님의 뜻을 거슬러 기도할 수밖에 없었다. 그렇지만 아주 조심스럽고 경건했다. 그는 하나님의 뜻에 어긋나지 않겠다는 결의를 나타냈다.

하나님의 뜻에 단순하게 굴복하는 것은 하나님께 대한 최상의 태도가 아니다. 굴복은 여건에 의해 강요된 항복으로 나타날 수도 있다. 그것은 기쁨에 의한 굴종이 아니고 불만이며 순간의 유익과 해결책인 것이다. 그것을 강요한 여건이나 요소가 제거될 때 의지는 다시 옛 습관과 옛 자기로 되돌아간다.

예수 그리스도는 이 예외적인 한 경우를 제하고는 하나님의 계획과 하나님의 뜻에 언제나 동조하였다 conform. 하나님의 뜻에 동조하여 기도하는 것이 그리스도의 삶이요 법칙이었다. 그의 기도의 법칙도 한 가지였다. 하나님께 동조하여 사는 것이 단순히 복종하여 사는 것보다 더 귀하고 거룩한 삶인 것이다. 하나님께 동조하는 것, 맞추어 기도하는 것이 단순한 굴복보다 훨씬 더 고귀하고 거룩하게 기도하는 것이다. 좋게 말해서 굴복은 반항하지 않고 복종하는 것으로, 좋은 것이지만 최상의 것은 아니다. 가장 능력 있는 기도의 형태는 적극적이며 저돌적이며 강하게 추진하며 창조적인 기도이다. 그것은 어떤 일을 구성하며 변경하며 추진하는 힘이 있다.

동조conformity는 "하나님의 모든 뜻에 온전하게 그리고 완전하게 일치하는 것"을 의미한다. 하나님의 뜻 행하기를 즐겨 하며 그의 계획을 추진시키는 일에 열성과 진실을 가지고 있다는 말이다. 하나님의 뜻에 동조하는 것에는 굴복과 인내와 사랑과 기꺼이 하는 복종이 포함된다. 그러나 굴복 그 자체는 동조에 미치지 못하며 동조를 포함하고 있지 못하다. 우리는 굴복할 수 있지만 동조하지 못할 수 있다. 우리는 우리가 투쟁한 것에 반대되는 결과를 받아들일 수 있으며 그것에 따를 수도 있다.

동조한다는 것은 결과와 과정이 모두 하나님과 일치하는 것을 의미한다. 굴복은 끝에 가서야 하나님과 일치할 수도 있다. 그러나 동조는 처음부터 끝까지 하나님과 하나되는 것이다.

예수님께서는 하나님의 뜻에 절대적으로 또한 완전하게 동조하였고 그렇게 기도하셨다. 그러나 이 경우는 견딜 수 없는 고통과 어려움과 피곤 때문에 하나님의 과정에서 뒤로 물러나게 된 그리고 강박 속에 있게 된 유일한 경우였다. 그의 굴복은 그의 동조가 지속적이며 완전했던 것처럼 고결하며 신뢰하는 그리고 순수한 것이었다. 부합하는 것 그것은 참다운 굴복이요 가장 고결한 것이요 가장 아름다운 것이요 가장 온전한 것이다.

겸손한 간구

겟세마네의 기도는 예수님께서 동산에서 홀로 무릎을 꿇어야 했던 것처럼 겸손한 간구라는 교훈을 우리에게 제시한다. 무거운 짐에 눌려 얼굴을 떨구고 비통과 두려움과 주저함과 위축감에 싸여 벗어날 것을 간구했지만, 그러한 중에도 오직 하나님의 영광을 위한 유일한 목적을 가지고 하나님께 전폭적으로 굴복하셨다.

사탄이 우리 각자에게 어두움의 권세를 가지고 달려올 때가 있을 것이다. 그리고 우리 각자가 그 쓰디쓰고 무서운 잔을 받아들여야 할 때가 올 것이다.

우리는 하나님의 뜻을 역행하려는 기도를 할 수 있다. 모세가 약속의 땅에 들어가려고 기도했던 것처럼, 바울이 육체의 가시를 제하여 달라고 기도했던 것처럼, 다윗이 죽어가는 어린아이를 살려달라고 기도했던 것처럼, 히스기야가 생명을 연장시켜 달라고 기도했던 것처럼 말이다. 그 짐이 너무 무겁고, 그 슬픔이 너무나 크고 심할 때에 하나님의 뜻에 역행하려는 기도를 세 번은 하게 될 것이다. 어두움의 시간이 왔을 때 지친 가운데 다윗이 밤을 새우며 애통했듯이 우리도 그렇게 할지도 모른다. 우리는 예수님처럼 수없이 많은 밤을 시간이 가는 줄도 모르고 기도하며 보낼지도 모른다. 그렇지만 그 모든 것은 굴복의 기도여야만 한다.

겟세마네의 슬픔의 밤과 고독이 육중하게 우리에게 밀려 올 때 우리는 필요하다면 눈물과 인내로 굴복해야 하겠지만, 아버지의 손이 우리 입술에 가져다 준 그 잔을 두려움과 의심 없이 즐겁고 기쁜 마음으로 받아들여야 한다. 상한 심령으로 "내 뜻대로 마옵시고 당신의 뜻을 이루소서"라고 말해야 할 것이다. 하나님의 길에 있어서는 그 잔이 하나님의 아들에게서처럼 가장 쓴 독소가 있지만 그것은 신비하게도 우리의 완전을 위한 보석이나 황금이 된다. 우리는 연단의 도가니에 들어갔다 나와야 하는 존재들이다. 우리는 겟세마네의 기도에 의해서가 아니라 그리스도의 고난에 의해서 완전하게 되었다.

"그가 아들이시라도 받으신 고난으로 순종함을 배워서 온전하게 되었은즉 자기를 순종하는 모든 자에게 영원한 구원의 근원이 되시고."

지나칠 수 없는 잔

고난은 우리에게 찾아와야 하고 완전의 결실을 맺어야 하기 때문에 그 잔은 지나칠 수 없었다. 기나긴 세월 동안 어둠과 지옥의 권세를 통과하면서 이 세상 신과의 고통스러운 투쟁을 겪으면서 수많은 쓰디쓴 잔을 마시면서 우리는 완전하게 된다. 만일 우리 기도 응답에 완전하게 순복하고 하나님의 뜻에 완전히 굴복하고 하나님의 영광을 위해

전적으로 헌신한다면, 아버지께서 허락하시는 무섭고 고통스러운 풀무불의 연단 과정을 벗어나려고 울부짖는 것은 자연스러운 것이며 죄가 아니다.

만일 우리 마음이 하나님을 향하여 진실하다면 우리는 하나님께 하나님의 길을 알게 해 달라고 간구해도 좋으며 하나님의 고통스러운 과정에서 구출해 달라고 구해도 좋다. 그러나 맹렬한 풀무불의 연단 중에 또는 고민 속에서 굴복적으로 주님의 기도에 동참하는 것은, 광대하고 가장 능력 있는 기도의 형태는 아니다. 우리는 풀무 속에서 울부짖을 수 있으며 우리를 정결케 하고 완전케 하는 불꽃을 제거해 달라고 기도할 수 있다. 하나님은 이것을 허용하시고 들으시며 응답하시는데 그 풀무에서 우리를 빼내거나 그 맹렬한 불꽃을 완화시킴으로가 아니라 우리에게 힘을 돋우는 천사들을 보내 주심으로 그렇게 하신다. 그러기에 계속 전폭적인 복종심을 가지고 그것에서 벗어날 것을 위해 울부짖는 것은 실체적이고 고귀하며 범세계적이며 영원에 이르는 그런 힘 있는 기도는 아니다.

복종의 기도는 더 귀하고 능력 있는 믿음의 기도를 대신하거나 손상시키는 데 사용되어서는 안 된다. 또한 그것은 끈질기고 역사를 일으키는 기도를 파괴하도록 강조되어서는 안 된다. 그렇게 되면 그것은 기도의 실효를 떨어뜨리며 영광스러운 결과를 보지 못하게 하며 구체성이 없는, 감상적이며 나약한 기도를 조장할 것이다.

우리는 언제나 굴복에 대한 허황되고 기만적인 견해로 인해 진지하고도 끈질긴 기도가 부족함을 인정해야 할 것이다. 우리는 종종 우리가 이제 시작할 지점에 도달했을 때 기도를 그친다. 하나님께서 기다리고 계실 때, 아니 하나님께서 우리가 진정으로 기도하기를 기다리고 계실 때 우리는 기도를 마친다. 장애물 때문에 기도를 단념하거나 곤경에 굴복하면서 그것을 하나님의 뜻에 대한 굴복이라고 부른다. 기도에 있어서 믿음의 결여, 영적 게으름, 반마음 등이 소위 굴복이라는, 귀하고 경건한 굴복이라는 이름 하에 가려진다.

하나님의 계획과 수행

하나님의 계획과 그것을 수행하는 것 외의 다른 계획을 갖고 있지 않는 것이 그리스도의 기도의 요소이며 정신이다. 이것은 굴복으로 핑계하는 것 이상의 것이다. 예수님께서 하나님의 목적을 변경시키려는 기도를 한 번 하셨지만 주님의 다른 모든 기도는 하나님의 계획과 목적들과 완전히 일치한 가운데 이루어졌다. 우리가 주님 안에 거하며 주님의 말씀이 우리 안에 거하려면 우리는 이 같은 질서에 따라 기도해야 할 것이다. 그렇게 될 때 우리가 원하는 바를 구하면 그것이 이루어진다. 그리할 때 우리의 기도는 역사役事하며 창조력을 나타낸다.

그러면 우리의 뜻이 하나님의 뜻이 되며 하나님의 뜻이 우리의 뜻이 된다. 그래서 그들은 하나를 이루며 틈이 생기지 않는 것이다.

"그를 향하여 우리의 가진 바 담대한 것이 이것이니 그의 뜻대로 무엇을 구하면 들으심이라." 그리고 우리가 무엇을 구하든지 들으신다는 사실을 안다면 우리는 주님의 간구가 우리에게 있기를 바라며 또한 그것이 우리에게 있음을 안다. 그렇게 될 때 "무엇이든지 구하는 바를 그에게 받나니 이는 우리가 그의 계명들을 지키고 그 앞에서 기뻐하시는 것을 행함이라"는 약속은 확증된다.

다음의 주님의 말씀에는 구약성경에 대한 경의와 하나님에 대한 의무의 충성과 절제와 오래 참음과 자기 부정이 나타나 있다. "너는 내가 내 아버지께 구하여 지금 열 두 영 더 되는 천사를 보내시게 할 수 없는 줄로 아느냐 내가 만일 그렇게 하면 이런 일이 있으리라 한 성경이 어떻게 이루어지리요 하시더라."

기도의 진실
The Reality of Prayer

로버트 맥셰인
Robert M. McCheyne 1813−1843

그리스도를 닮은 인생길로 인해 '작은 예수'라 불리는 맥셰인은 짧은 생을 누렸음에도 지금까지 수많은 개신교도들에게 영향을 끼치고 있는 스코틀랜드의 목회자이자 부흥 운동 지도자이다. 복음 전파의 열정에 온몸을 사르며 불꽃처럼

1820년대의 에든버러 전경

살다 간 점을 볼 때 역시 선교 역사에 이름을 깊게 새기고 요절한 데이비드 브레이너드David Brainerd에 비견되는 인물이기도 하다.

1813년 스코틀랜드 에든버러의 변호사 집안에서 다섯 번째 아들로 태어난 맥셰인은 어릴 때부터 어학과 문예 부문에서 뛰어난 소질을 보였다. 그의 풍부하고 섬세한 감성은 유년 시절의 대부분을 풍광이 아름다운 스코틀랜드의 자연 속에서 보내면서 더욱 깊어져 갔고 훗날 탁월한 시재를 발휘하는 데 일조하였다.

소년기를 넘길 무렵 유달리 친밀했던 큰 형을 잃은 일은 맥셰인에게 영원에 관해 더욱 진지하게 관심을 갖게 하는 계기가 되었다. 그는 에든버러 대학교 신학부에서 토머스 찰머스Thomas Chalmers, 데이비드 웰시David Welsh 등 당시 복음주의 강단에 섰던 최고의 설교자들 밑에서 수학하였는데, 이는 그가 20대 청년임에도 전대미문의 부흥을

19세기의 에든버러 대학교

데이비드 웰시

토머스 찰머스　　첫 목회 생활을 시작한 라버트 교회

불러일으킨 걸출한 설교자가 되게 하는 데 초석이 되었다.

라버트에서 부목으로서 목회 생활을 시작한 그는 23세가 되던 1836년, 절대 다수의 득표에 의해 던디에 있는 성 베드로 교회의 목사로 추대되었고, 이로부터 교회 역사에 길이 남을 7년 6개월의 목회가 시작되었다.

맥셰인은 목회 내내 문자 그대로 '섬기는 목회'로 성도들을 감동시키고 성화에의 열망에 타오르도록 인도했다. 1839년에는 앤드루 보나Andrew A. Bonar 등과 함께 유대인의 상황을 조사하려는 목적으로 팔레스타인 지방에 들어가 선교 활동을 하기도 하였다. 그들이 귀환한 후 스코틀랜드 교회 선교 위원회에 제출한 보고서는 스코틀랜드 교회와 스코틀랜드 자유 교회가 유대교에 대한 전도 사업 계획을 수립하는 데 기여했다.

맥셰인의 명성은 마치 성자와도 같았던 그의 거룩한 삶에서도 기인하지만, 무엇보다도 그가 팔레스타인 지역을 편력하던 시기에 성 베드로 교회에서 일어난 대부흥에서 비롯되었다고 할 수 있다. 순회 강사였던 윌리엄 번스 William C. Burns가 그의 부재를 대신하고 있던 교회에서 강력한 성령의 역

기도의 진실
The Reality of Prayer

사가 일어났던 것이다. 회중으로 하여금 회심의 통곡을 하게 한 부흥의 불길은 먼저는 교회를 훑고 이어서 그 지역 전체에 힘을 발휘하였다. 술집들이 문을 닫았고 지하 탄광과 농장과 직조 공장에서 찬송이 흘러나왔다.

맥셰인 역시 이 놀라운 역사에 감동받았고 이렇게 각성된 영혼들을 계속 양육해야 할 의무를 느꼈다. 이후로 그가 주재한 정규 집회와 특별 집회에서는 끊임없이 성령의 특별한 역사가 이어졌는데, 이는 그가 세상을 떠나기까지 3년 반 동안 지속되었다.

던디의 성 베드로 교회

맥셰인은 신령한 사역에 몰두한 자였다. 그의 마음은 복음의 메시지로 가득 채워져 있었고, 정신은 불신자를 구원하고 성도들을 '용서받은 죄인이 도달할 수 있는 최고의 거룩함'에 이르게 하는 데에만 집중되어 있었다. 1843년, 여느 때처럼 몸을 사리지 않고 심방하던 그는 당시 던디 지역에 퍼져 있던 발진 티푸스에 감염되고 말았다. 그는 몸살 정도로 생각했지만 회복하지 못했고 결국 30세의 꽃다운 나이에 눈을 감아야 했다.

맥셰인의 목회지인 던디의 테이 강변

스코틀랜드의 그리스도인들은 그의 죽음을 한마음으로 애도했다. 7천여 명이 장례식에 참석했으며, 그날 던디 시내의 모든 상점은 문을 닫아 그들 곁에서 불같은 말씀을 쏟아내던 목자이자 온화한 청년 신사였던 맥셰인에게 조의를 표했다.

시종일관 경건한 복음 전도자로서의 모습을 잃지 않았던 그의 생애는 친우 앤드루 보나가 그의 일대기와 함께 남아 있는 원고들을 엮어 『회고록』이라는 제목으로 출판하면서 더욱 널리 알려지게 되었다. 이 책은 여러 번 재판되었고 지금까지도 세계의 여러 개신교도들에게 감동을 주고 있다.

맥세인의 거룩하고도 능력 있는 삶은 '작은 예수'처럼 살다 간 인생답게 기도의 생애였다. 어떠한 일도 그에게서 하나님께 기도하는 시간을 빼앗아가지 못하였다. 그는 주 안에 살며 주와 하나가 되고 주로부터 생명을 이끌어내는 것이 바로 기도의 태도이며 능력임을 일찍이 깨달은 자였다. 짧은 생 동안 그가 겪은 조용하면서도 격렬했던 투쟁과 승리 역시 밤을 지새우는 기도 가운데 이루어진 것이었다. 그가 남긴 글을 보면 기도는 모든 것들 가운데 가장 고귀한 의무이며, 가장 중요하고 가장 효력 있는 능력임을 다시 한번 절감하게 된다.

맥세인의 설교단

앤드루 보나

누군가를 만나기 전에 기도해야 한다. 늦잠을 자거나 먼저 다른 사람을 만나면 나는 11시나 12시가 다 되어서야 은밀한 기도 시간을 가질 수 있다. 이것은 비참한 일이다. 이것은 성경적이 아니다. 이럴 때는 나에게 도움을 바라고 찾아오는 사람들에게도 도움을 줄 수 없다. 양심은 가책을 느끼고, 영혼은 굶주리고, 영의 등불을 밝히는 심지는 청소되지 못한 상태에 처한다. 하나님과 함께 시작하는 것이, 다른 것과 가까이하기 전에 먼저 그분의 얼굴을 뵙는 것이 훨씬 좋다고 생각한다.

맥세인의 무덤

Part 3. 성령과 기도

11

성령 없는 기도는 헛되다

웨일스 대부흥 때 어떤 목사가 단 한 번 설교로 수백 명을 회심시킨 성공적인 구령 소식이 퍼졌다. 그 곳에서 멀리 떨어진 곳에 있는 한 목사가 그 놀라운 성공 소식을 들었다. 그는 그 사람의 성공 비밀이 무엇인지 알고 싶었다. 그는 먼 길을 걸어 그 동료 목사의 초라한 시골 집에 당도하자마자 "형제여, 당신은 어디에서 그 설교를 얻었소?"라고 물었다. 그러자 그 목사는 가구도 잘 갖추어지지 않은 방으로 데리고 들어가서 영원한 언덕과 장엄한 산을 내다 볼 수 있는 창문 곁의 다 낡아빠진 양탄자 쪽을 가리키면서 "형제여, 저 곳에서 그 설교를 구했소. 내 마음은 사람들을 생각할 때 너무 무거웠소. 어느날 밤에 나는 그곳에서 무릎을 꿇고 전에 없었던 능력을 주실 것을 간구하였소. 시간이 흘러 자정이 지났고 별들이 잠들어 있는 세상을 내려다 보고 있었으나 응답은 오지 않았소. 나는 먼동이 트기까지 기도하였소. 날은 점점 밝아 황금 빛 아침이 왔소. 그러자 설교가 떠올랐고 능력이 임하였으며 사람들이 성령님의 능력에 엎드렸소."라고 말하였다.
_G. H. 몰간

성령이 없이는

성령이 함께하지 않으면 복음은 헛되고 쓸모 없는 것이다. 성령의 은사는 예수 그리스도의 구속 사역에 있어서 절대적이었다. 성령의 기름 부으심이 임하기 전까지는 예수님은 지상 사역을 시작하지 않으셨다. 마찬가지로 하나님의 아들의 구속 사역을 수행하고 열매를 거두기 위해서는 성령의 역사가 필요하다. 세례 때에 있었던 성령의 기름 부으심이 주님의 생애에 있어서 전기轉機를 이루었듯이 오순절의 성령 강림은 교회를 통한 주님의 구속 사역을 효과 있게 하는 전기를 이루고 있다.

성령은 그리스도인의 세대에 유일한 등불이며, 교사요 인도자일 뿐 아니라 신령한 조력자이기도 하다.

성령은 하나님의 역사役事의 새로운 세대에 있어서 능력을 주시는 대리자이다. 항해사가 배를 움직이기 위하여 키를 잡듯이 성령도 모든 노력에 능력을 공급하고 지도하기 위하여 마음에 내주하신다. 성령은 인간의 영에 임재하며 다스리심으로 인간을 통하여 온전한 복음을 전달하신다.

예수 그리스도의 구속 사역을 수행하는 데 있어서, 그 전체적이고도 포괄적으로 수행하는 데, 혹은 미세하고 개인적인 적용에 있어서, 성령은 가장 뛰어나며 절대적이고 필수불가결한 대리자이다.

성령이 없이는 복음이 전파될 수 없다. 성령만이 이 거룩한 사역을 수행하기 위해 왕적인 권위를 가지고 있다. 지식으로 그것을 수행할 수 없으며, 교육도 안 되며, 웅변도 안 되며, 진리나 계시된 진리조차도 복음 사역을 수행할 수 없다. 성령의 기름 부음이 없이 그리스도의 생애의 놀라운 사실을 말해 보았자 그것은 메마른 것이며 효과도 없다. 그것은 마치 "아무 의미 없이 소리와 격렬함만 가득한, 백치가 하는 이야기"와 같다. 보혈조차도 복음을 수행할 수 없다. 이 모든 것 중 어떤 것도 비록 그것이 천사의 지혜와 천사의 말로 말해졌다 해도 구원의 능력을 가지고 복음이 전해지도록 하지 못한다. 성령에 의하여 불이 붙은 말씀만이 다른 사람을 구원하는 능력으로, 그리스도의 구원의 능력이 될 수 있다.

성령이 임하기 전까지는 아무도 도처에 죽어가는 수없이 많은 사람들에게 이 메시지를 선포하려고 예루살렘을 떠나지 않았다. 요한은 비록 자기 머리를 그리스도의 품에 파묻고 주님의 심장의 고동을 들었다 해도, 그의 머리에 주님의 생애의 놀라운 사실과 주님의 입에서 나온 기이한 말씀들이 가득 차 있었다 해도 한 마디 말도 선포할 수 없었다. 요한은 이 모든 것이 더 충만하고 풍성하게 부어질 때까지 기다려야 했다. 마리아는 그리스도를 양육하였고 또한 주님의 생애에 대한 거룩한 추억들을 많이 간직하고 있었어도 성령의 권능을 입기 전에는 요한의 집에서 그리스도의 생애를 재현시킬 수 없었다.

기도와 성령의 임하심

성령의 임하심은 기도에 달려 있다. 기도만이 삼위 중 한 분이신 성령이 거하시는 곳에 담대하게 나아가 구할 수 있기 때문이다. 그리스도도 이 기도의 법칙에 순복하셨다. "구하라 그러면 너희에게 주실 것이요 찾으라 그러면 찾을 것이요 문을 두드리라 그러면 너희에게 열릴 것이니." 이것은 그분에게 있어서 과거에도 현재에도 앞으로도 영원한 것이다. 불안해 하는 제자들에게 주님은 "내가 아버지께 구하겠으니 그가 또 다른 보혜사를 너희에게 주사 영원토록 너희와 함께 있게 하시리니"라고 하셨다. 성령을 향한 이 기도의 법칙은 주님께는 물론 제자들에게도 같은 법칙이다. 하나님의 자녀들 중 많은 사람들에게 "너희가 얻지 못함은 구하지 아니하기 때문이다"라고 말할 수 있다. 또 어떤 사람들에게는 "너희가 조금 구하였기에 조금밖에 얻지 못했노라"라는 말이 적용된다.

성령은 모든 은혜의 영이며, 각각의 은혜의 영이다. 정결함, 능력, 거룩함, 믿음, 사랑, 기쁨 그리고 모든 은혜들이 다 성령에 의해서 생겨나며 완전하게 된다. 우리가 특정한 은혜 안에서 자라고자 하는가? 또한 모든 은혜 안에서 완전하게 되기 원하는가? 그렇다면 우리는 기도로 성령을 구해야 한다.

우리는 성령을 간절히 구한다. 우리는 성령을 필요로 하기에 분발하여 성령을 구해야 한다. 우리가 성령을 받아들이는 정도는 성령을 구하는 믿음과 기도의 열정에 의해 측정될 것이다. 우리가 하나님을 위해 일할 수 있는 능력과 하나님께 기도하는 능력, 하나님을 위해 사는 능력과 다른 사람에게 영향을 주는 능력은, 우리가 성령을 받아들여 우리 안에 내주하시게 하며 우리를 통해 역사하시게 하는 정도에 의해 좌우된다.

그리스도께서는 하나님의 모든 자녀들을 위해 이것과 관련하여 명백하고 분명한 기도의 법칙을 제시하신다. 세상은 죄에 대하여 의에 대하여 그리고 다가올 심판에 대하여 깨우침을 받고, 하나님의 눈으로 자신의 사악함을 느끼기 위하여 성령을 필요로 한다. 그런데 죄인을 깨우쳐 주시는 이 성령은 하나님의 백성의 기도에 대한 응답으로 임하신다.

하나님의 자녀들은 갈수록 하나님이 더 필요하며, 하나님의 생명도 더욱 필요하고, 하나님의 풍성하고 더 풍성한 생명이 필요하다. 그러나 그 같은 삶은 하나님의 자녀들이 성령을 위해 기도할 때 시작되고 발전된다.

"너희 중에 아비된 자 누가 아들이 생선을 달라 하면 생선 대신에 뱀을 주며 알을 달라 하면 전갈을 주겠느냐 너희가 악할지라도 좋은 것을 자식에게 줄 줄 알거든 하물며 너희 천부께서 구하는 자에게 성령을 주시지 않겠느냐 하시니라." 이것은 약속에 의하여 빛나게 되고, 관계에 의해서 아름답게 되는 조건이요 법칙이다.

선물로 주시는 성령은 하나님의 우편에 영광스럽게 앉아 계시는 그리스도로 인해 우리에게로 흘러나오는 축복 중의 하나이며, 이 선물은 보좌에 앉으신 그리스도의 다른 모든 선물들과 함께 기도로써 주어진다. 성경은 분명히 드러난 표현으로, 그리고 일반적인 원리로나 분명하며 계속적인 암시를 통해 성령이라는 선물이 기도와 연관되고 기도를 조건으로 하고 있음을 가르쳐 준다.

하나님이 세상에 계시는 것이 진실인 것처럼 성령이 세상에 계시는 것도 진실이다. 그리스도께서 세상에 계시는 것이 진실인 것처럼 성령이 세상에 계시는 것도 진실이다. 오순절 전에도 성령은 어느 정도 세상 안에 계셨으며 그러기에 어느 정도는 성령의 역사를 기도로 구해야 했었다. 이 원리는 변함이 없다. 우리가 성령을 위해 기도할 수 없다면 하나님께 어떤 좋은 것도 기도로 구할 수 없다. 성령은 우리에게 있어서 모든 좋은 것의 총체이기 때문이다.

우리는 부르짖어 하나님을 구하며, 그리스도를 구하는 것과 같이 성령을 구한다. 우리는 항상 그의 은사와 능력과 은혜를 더욱 더 구해야 한다. 어느 모임이든 성령의 능력과 임재는 믿음의 기도에 달려 있다는 것 또한 진리이다.

그리스도께서는 성령을 받는 조건은 기도라는 교리를 설정해 놓았고, 또한 스스로 이 보편적 법칙을 보여 주셨다. 세례받을 때 기도하시자 성령이 그에게 강림하신 사실이 이를 뒷받침한다. 사도 시대의 교회가 이 위대한 진리를 보여 준다.

오순절이 몇 날 지나서 제자들은 고민 중에 기도하고 있었다. "빌기를 다하매 모인 곳이 진동하더니 무리가 다 성령이 충만하여 담대히 하나님의 말씀을 전하니라." 이 사건은 오순절 이후 성령의 임하심과 다시 임하심의 조건으로서의 기도를 부인하는 모든 이론을 격파하고, 오순절이 오랜 기도의 싸움의 결과이며 하나님의 위대하고 가장 귀한 은사들은 구하고 찾고 두드리는 기도, 뜨겁고 끈질긴 기도로 이루어진다는 사실을 확증한다.

바로 이 진리는 사마리아에서 이루어진 빌립의 부흥 사건에서 아주 두드러지게 나타난다. 그리스도를 믿음으로 그들에게 기쁨이 넘쳤고 교회에서 물 세례를 받았지만, 베드로와 요한이 그 곳에 내려와서 함께 그들을 위하여 기도하기 전까지 그들은 성령을 받지 못했다.

바울의 기도는 그가 성령을 받을 수 있는 상태에 있음을 하나님이 아나니아에게 확증시킨 것이었다.

우리 안에 계신 하나님의 능력

성령님은 기도에 있어서 우리의 유일한 교사요, 감동을 주시는 분이요, 계시자일 뿐만 아니라 우리 기도의 능력이시다. 그래서 그 힘은 하나님의 기쁘신 뜻에 따라 우리 안에서 역사하시는 성령의 능력에 의해 결정된다. 바울은 에베소서 3장에서 교회를 위한 놀라운 기도를 한 후, 에베소 교인들이 자신의 광범위한 기도에 하나님의 능력이 미치지 못할 것이라고 생각할 것을 이해한 듯 하다. 그래서 그는 하나님은 우리가 구하는 것이나 생각하는 것에 넘치게 주실 수 있는 분이라는 말로 끝을 맺는다.

하나님이 우리를 위해 하실 수 있는 능력은 우리 안에 계신 하나님의 능력에 의해 결정된다. 그래서 바울은 "우리 가운데서 역사하시는 능력대로"엡 3:20라고 말하고 있다.

외부로 드러나는 기도의 능력은 우리 안에 계시는 하나님의 능력이다. 우리 안에서 하나님이 나약하게 역사하시면 나약한 기도를 초래한다. 우리 안에서 하나님이 강력하게 역사하시면 강력한 기도를 가능케 한다. 기도하지 못하는 내면의 이유는 우리 안에 성령의 역사가 없기 때문이다. 나약한 기도의 내면적 이유는 성령이 우리 안에서 강하게 역사하지 못하기 때문이다.

우리의 기도를 응답하며 그 기도에 따라 역사하시는 하나님의 능력은 성령을 통해 우리 안에 부여하실 수 있는 하나님의 에너지에 의해서 결정된다. 기도의 능력은 우리 안에 계신 성령에 의해서 결정된다. 이 점에 대하여 야고보는 야고보서 5장에서 이렇게 언급한다.

"의인의 간구는 역사하는 힘이 많으니라." 성령의 전능한 에너지를 통해 마음 속에 이루어진 기도는 엘리야의 기도처럼 놀라운 능력을 나타내는 것이다.

능력 있게 효과적으로 기도하기를 원하는가? 그렇다면 성령께서 우리 안에서 능력 있게 효과적으로 역사하셔야 한다. 바울은 보편적으로 적용할 수 있는 원리를 제시하고 있다. "이를 위하여 나도 내 속에서 능력으로 역사하시는 이의 역사를 따라 힘을 다하여 수고하노라." 우리 안에서 역사하시는 성령으로부터 솟아나오지 않는 모든 수고는 쓸모 없고 헛된 것이다. 성령이 우리 안에서 역사하지 않기 때문에 혹은 우리 안에서 그의 영광스러운 사역을 할 수 없기 때문에, 우리의 기도와 활동이 약하며 결과가 없는 것이다. 놀라운 결과를 얻는 기도를 하기 원하는가? 그렇다면 당신의 영혼 속에 성령이 강하게 역사하시기를 간절히 구하라.

오순절에 충만한 열매를 거둘 수 있었던 기도에서 교훈을 얻을 수 있다. 요한복음 14:16에서 예수님은 제자들과 함께 그리고 그들 안에 거하실 또 다른 보혜사를 보내 주실 것을 아버지께 기도하셨다. 그런데 그 기도는 성령이 중생을 통해 우리를 하나님의 자녀로 만들기 위한 것이 아니고, 하나님의 자녀로서의 우리의 관계 때문에 우리가 주장할 수 있는 성령의 온전한 능력과 은혜에 대한 기도임을 주시해야 한다.

우리가 하나님의 자녀가 되도록 만드는 우리 안의 성령의 역사와, 성령께서 친히 하나님의 자녀인 우리 안에 그리고 우리와 함께 거하시는 것은 우리에 대한 성령의 관계 차원에서 볼 때 전혀 다른 단계인 것이다. 후자의 역사에서 성령의 은사와 역사는 더 위대하며 그의 임재, 즉 성령 자신은 성령의 은사와 역사보다 더 위대한 것이다. 그가 우리 안에서 역사하심으로 우리가 그를 받아들일 준비가 된다. 그의 은사는 그의 임재에 의해서 나타나는 것이다. 성령은 자신의 역사로 우리를 그리스도의 몸의 지체가 되게 하신다. 성령은 그 임재와 인격으로 그 지체 안에 머물게 하신다. 성령은 그의 은사를 통해 우리가 몸의 지체로서의 기능을 감당할 수 있게 하신다.

이 모든 교훈은 모든 기도의 목표점인 성령을 구하는 일에서 절정을 이룬다. 산상수훈에서 우리는 아주 분명하며 확실한 약속을 발견한다.

"너희가 악한 자라도 좋은 것으로 자식에게 줄 줄 알거든 하물며 하늘에 계신 너희 아버지께서 구하는 자에게 좋은 것으로 주시지 않겠느냐."

누가복음에서는 "좋은 것"을 "성령"으로 대치시켰다. 모든 좋은 것은 성령 안에서 나타나는 것이며 성령은 모든 좋은 것의 총체이며 절정이다.

우리에게 능력을 주시며 우리를 거룩하게 하시며 내주하시는 보혜사 성령의 은사를 받는 일에 대해 사람들의 가르침은 얼마나 복잡하고 혼란스러운지. 그러나 "구하라"고 한 우리 주님의 지침은 얼마나 단순하고 직접적인가! 그것은 너무나 직접적이고 분명한 것이다. 낙심하지 말고 간절히 구하라. 그가 오실 때까지 구하며 찾으며 두드리라. 만일 당신이 구하기만 한다면 하나님 아버지께서 성령을 보내 주실 것이다. 주 안에서 성령을 기다리라. 하나님의 자녀들은 아버지의 가장 귀한 선물이요 자녀에게 가장 필요한 성령을 끈질기게 기다리며 구하며 간청해야 한다.

믿음으로 성령을 구하는 사람들에게 값없이 약속된 성령을 우리는 어떻게 받을까? 조용하고 열정적인 믿음을 가지고 기다리며 간구하며 인내해야 한다. 그 믿음은 두려움을 모르며 의심을 허용치 않으며, 불신앙으로 약속에 흔들리지 않으며, 소망을 가질 수 없는 가장 어둡고 낙심되는 순간에도 소망 가운데 믿으며, 소망으로 빛나며 소망으로 강해지며 소망으로 건짐을 받는다.

구하라, 찾으라, 두드리라

기도하고 기다리라. 여기에 모든 절망의 감옥을 열어 주며 하나님의 모든 보화가 담긴 창고를 열어 주는 열쇠가 있다. 그것은 이 땅의 부모들이 줄 수 있는 모든 것보다 더 무한하게, 너그럽게, 기쁘게, 많이 주시는 하나님 아버지께 어린아이처럼 단순하게 구하는 것이다. 성령을 구하라, 찾으라, 두드리라. 성령은 자녀들의 가장 큰 필요를 위한 아버지의 가장 큰 선물이다.

그리스도께서 주신 "구하라", "찾으라", "두드리라"는 세 말씀에 우리의 간청과 수고의 점증적인 단계가 반복되고 있다. 만일 우리가 전심으로 기도하고 인내하며 갈수록 더 높고 더 강한 태도를 유지하며 열기와 노력이 더 깊어지면 응답은 필연적으로 주어진다. 이것을 예수님은 가장 강한 방법으로 명령하고 또 약속하고 있다. 별들이 반짝이지 않는 것이 불가능한 것처럼, 구하고 찾고 두드릴 때 필요로 하고 원하는 바를 얻지 못하는 일이 있을 수 없다.

"두드리는 이에게 열릴 것이니라"란 말씀은 다른 사람들이 아닌 오직 결코 낙망하지 않고, 놀라지 않고, 끈질기게 기도하는 사람에게만 해당되는 말씀이다. "내가 또 너희에게 이르노니 구하라 그러면 너희에게 주실 것이요"란 약속보다 응답에 대해 더 큰 확신을 주는 약속이 어디 있는가!

12

성령은 기도를 돕는다

> 정말 기도하려면 영으로, 성령으로 기도해야 한다. 이것을 마음에 간직하기를 간청한다. 당신 자신의 자연적인 힘으로 성취할 수 있는 일처럼 기도하려고 하지 말라. 기도는 하나님의 일이자 성령의 일이며 당신 안에서 그리고 당신에 의한 성령의 일이다. 그러기에 당신은 성령과 함께 일하는 사람이 되어야 한다. 그렇지만 그것은 성령의 일이다. _트렌치 대주교

기도의 조력자

성령에 관한 신약의 계시 중 하나는 그가 우리 기도의 조력자라는 것이다. 우리 주님의 생애에서 성령의 역사와 기도 사이의 밀접한 관계를 말해 주고 있는 다음의 기사를 보자.

"이때에 예수께서 성령으로 기뻐하사 가라사대 천지의 주재이신 아버지여 이것을 지혜롭고 슬기있는 자들에게는 숨기시고 어린아이들에게는 나타내심을 감사하나이다 옳소이다 이렇게 된 것이 아버지의 뜻이니이다" 눅 10:21.

여기에서 우리는 하나님이 우리에게 어떤 분인가를 알려 주는 계시를 갖게 된다. 어린아이의 마음만이 아버지를 알 수 있으며 아버지를 계시할 수 있다. 아버지께서 아들을 통해 우리에게 주시는 모든 것은 오직 기도를 통해 가능하게 된다. 아버지와 아들에 의해 우리에게 계시되는 모든 것은 오직 기도를 통해 이루어진다. 아버지께서 우리에게 자신을 나타내시는 것도 오직 기도를 통해 이루어진다.

개역RV에는 "동시에, 예수께서 성령 안에서 기뻐하셨다"라고 번역되어 있다. 이것은 널리 알려지지 않거나 알려졌더라도 무시되는 진리, 즉 예수 그리스도께서는 성령의 인도를 받았으며, 또한 그의 사역과 생애는 물론 그의 기쁨, 그의 기도가 성령의 영감과 법칙과 인도하심을 받았다는 진리를 보여 준다.

> "이와 같이 성령도 우리 연약함을 도우시나니 우리가 마땅히 빌 바를 알지 못하나 오직 성령이 말할 수 없는 탄식으로 우리를 위하여 친히 간구하시느니라" 롬 8:26.

위의 본문은 가장 의미 심장하고 중요한 구절로써 꼭 인용돼야만 하는 것이다. 인내, 소망 그리고 기다림이 기도의 조력자가 된다. 그러나 가장 위대하고 신령한 조력자는 성령이다. 성령은 우리를 위하여 여러 가지 일들을 돌보신다. 우리는 많은 일, 사실 천국생활에 관계된 모든 일과 특히 기도라는 단순한 일에 대해서는 무지하고 혼돈되어 있다. 우리에게는 기도의 "당위성", 의무, 필연성이 있다. 가장 절대적이고 긴요한 영적 필연성이다. 그러나 우리는 그러한 의무를 느끼지 못하며 또 그것을 수행할 능력이 없다. 성령은 우리의 연약함을 도우시며 우리의 무지에 지혜를 주시며 무지를 지혜로 바꾸고 우리의 연약함을 강함으로 바꾸신다. 성령께서 친히 이 일을 하신다. 우리가 애쓰며 노력할 때 성령은 우리를 도우시며 우리를 붙드신다. 그는 자신의 지혜를 우리의 무지에 공급하시며 우리의 연약함에 능력을 더 하신다. 그는 우리 안에서 우리를 위하여 간구하신다. 그는 우리의 기도에 생명을 주시며 조명하시며 영감을 주신다. 그는 우리의 기도를 만드시고 승화시키며 영감을 주시고 감정을 주신다. 그는 우리 안에서 강력하게 역사하심으로 우리가 강력하게 기도할 수 있도록 하신다.

하나님의 뜻대로

그는 우리가 항상 하나님의 뜻에 따라 기도할 수 있게 해주신다. 요한일서 5:14에 다음의 말씀이 있다.

"그를 향하여 우리의 가진 바 담대한 것이 이것이니 그의 뜻대로 무엇을 구하면 들으심이라 우리가 무엇이든지 구하는 바를 들으시는 줄을 안즉 우리가 그에게 구한 그것을 얻은 줄을 또한 아느니라" 요일 5:14-15.

담대함을 주어서 하나님께로 자유롭고 담대하게 나아가게 하는 것, 즉 담력과 자유함의 기초와 진리는 "하나님의 뜻대로" 우리가 구하는 것이다. 이것은 굴복이 아니라 일치다. "뜻대로"에서 "대로"란 말은 표준, 일치, 동의를 뜻한다. 하나님의 뜻에 일치하여 기도하기 때문에 우리는 담력과 자유함을 가지고 하나님께 나아간다. 하나님께서는 자신의 일반적인 뜻을 그의 말씀에 기록해 놓으셨으나 기도를 통해 우리를 위해서 이런 특별한 일을 하신다. 선지자가 말한 대로 "하나님을 바라는 우리를 위하여 하나님의 일이 예비되어" 있는 것이다. 기도 중에 어떻게 하나님의 뜻을 알 수 있을까? 우리가 행하고 기도하도록 하나님이 특별히 계획하신 일들은 무엇인가? 성령은 우리에게 그것을 끊임없이 계시하고 있다.

"오직 성령이 말할 수 없는 탄식으로 우리를 위하여 친히 간구하시느니라 마음을 감찰하시는 이가 성령의 생각을 아시나니 이는 성령이 하나님의 뜻대로 성도를 위하여 간구하심이니라."

위의 말씀과 고린도전서에 있는 바울의 말씀과 연결시키면 된다.

"하나님이 자기를 사랑하는 자들을 위하여 예비하신 모든 것은 눈으로 보지 못하고 귀로도 듣지 못하고 사람의 마음으로도 생각지 못하였다 함과 같으니라 오직 하나님이 성령으로 이것을 우리에게 보이셨으니 성령은 모든 것 곧 하나님의 깊은 것이라도 통달하시느니라 사람의 사정을 사람의 속에 있는 영 외에는 누가 알리요 이와 같이 하나님의 사정도 하나님의 영 외에는 아무도 알지 못하느니라 우리가 세상의 영을 받지 아니하고 오직 하나님께로 온 영을 받았으니 이는 우리로 하여금 하나님께서 우리에게 은혜로 주신 것들을 알게 하려 하심이라 우리가 이것을 말하거니와 사람의 지혜의 가르친 말로 아니하고 오직 성령의 가르치신 것으로 하니 신령한 일은 신령한 것으로 분별하느니라 육에 속한 사람은 하나님의 성령의 일을 받지 아니하나니 저희에게는 미련하게 보임이요 또 깨닫지도 못하나니 이런 일은 영적으로라야 분변함이니라 신령한 자는 모든 것을 판단하나 자기는 아무에게도 판단을 받지 아니하느니라 누가 주의 마음을 알아서 주를 가르치겠느냐 그러나 우리가 그리스도의 마음을 가졌느니라" 고전 2:9-16.

"오직 성령으로 이것을 우리에게 보이셨느니라." 이 말씀을 주목하자. 하나님은 성령이 내주하시는 마음을 살피시며 성령의 생각을 알고 계신다. 우리 마음에 내주하시는 성령은 우리를 향한 하나님의 깊은 뜻과 목적을 살피시며 그 목적과 뜻을 우리에게 보이신다. 그래서 "우리로 하여금 하나님께서 우리에게 은혜로 주신 것들을 알게 하신다."

하나님의 영이 우리의 영 안에 충만히 거하시며 또 우리의 영이 성령의 조명과 하나님의 뜻에 응답하고 순종함으로 우리는 거룩한 담력과 자유함을 얻는다. 이것으로 하나님의 영이 우리에게 하나님의 뜻으로 보여 주신 일들을 구할 수 있으며, 그러면 믿음이 생기게 되는 것이다. 그러기에 "우리가 무엇이든지 구하는 바를 들으시는 줄 아는" 것이다.

자연인도 기도하지만 자기 자신의 뜻과 욕망과 상상에 따라 기도한다. 혹시 그에게 열정적인 욕망과 탄식이 있다 해도 그것들은 오직 자연적인 열광이고 탄식이지 성령으로부터 나온 것은 아니다. 자연인의 기도의 세계는 이기적이고 자기 중심적이며 자기 감동적이다!

성령이 우리를 통해서 기도할 때나 올바른 기도에 대한 "당위성"을 잘 감당하도록 우리를 도우실 때, 우리의 기도가 하나님의 뜻에 부합하도록 준비시키실 때, 우리는 그의 말할 수 없는 탄식에 우리의 마음을 내맡기며 또 그것을 표현하게 된다. 그러면 우리는 그리스도의 마음을 갖게 되고 그가 원하는 대로 기도하게 된다. 주님의 생각과 목적과 소원이 우리의 생각과 목적과 소원이 되는 것이다.

이것은 우리가 이미 가지고 있는 성경과 다른 새로운 성경이 아니라 이미 가지고 있으며 하나님의 영에 의하여 개인적으로 적용된 성경이다. 그것은 새로운 본문이 아니라 성령께서 우리를 위해 그때에 우리에게 부각시켜 주는 것이다.

그것은 성령의 조명과 안내와 가르침에 의해서 말씀이 펼쳐짐으로써, 하나님 아버지 보좌 우편에서 중보하시는 예수 그리스도와 조화를 이루어 우리도 땅에서 그 위대한 중보의 직무를 감당할 수 있게 하는 것이다.

성령의 중보

우리는 성령을 통해 중보가 무엇인지 또 어떠해야 하는지에 대해 설명을 받을 수 있고 힘을 얻을 수 있다. 우리는 성령 안에서 간구하고 기도하라는 명령을 받는다. 우리는 성령께서 "우리의 연약함을 도우신다"라는 사실을 알고 있다. 그리고 중보가 매우 신령하고 고귀한 일이기에, 우리가 마땅히 기도할 바를 알지 못하지만 성령께서 우리 안에서 "말할 수 없는 탄식으로" 간구하심으로써 우리에게 이 하늘의 기술을 가르치신다는 것도 알고 있다.

성령의 이러한 중보는 얼마나 무거운 짐이겠는가! 성령이 세상의 죄와 저주, 상실을 얼마나 잘 감지하고 계시며, 세상의 그 심각한 상태를 얼마나 절감하고 계시는가는 말할 수 없는 탄식을 통해 드러난다. 성령은 우리에게 감동을 주어 이 가장 신성한 중보 기도를 하게 하며, 힘을 주어 억눌린 자, 무거운 짐 진 자, 고생하는 자들을 위해 하나님께 탄식할 수 있게 하신다. 이처럼 성령은 여러 가지로 우리를 도우신다.

영으로 간구하는 성도들의 중보 기도가 얼마나 간절한가! 성령 없는 기도는 얼마나 무익하며 헛되며 열매가 없으며 실효 없는 기도인가! 설사 그 기도가 공식적이고, 상황에 잘 맞으며 아름답고 예의 바르다 해도, 하나님이 인정하지 않는 기도라면 아무런 가치가 없다.

우리의 지칠 줄 모르는 기도는 성령으로 하여금 능력으로 우리 안에서 역사하도록 돕는다. 동시에 성령도 우리로 하여금 강건하고 고귀한 기도를 하도록 도우신다.

우리는 하나님으로부터 오지 않는 수많은 방법과 감동으로 기도할 수 있으며 또 그렇게 기도하고 있다. 전부는 아닐지 모르지만 부분적으로는 너무나 많은 기도가 그 방법과 내용면에서 틀에 박혀 있다. 마음에서 우러나온 열렬한 기도가 많이 있으나 그것은 자연적인 마음의 발로이며 육신적인 열정이다. 습관적으로 그리고 형식적으로 기도하는 경우가 많이 있다. 습관은 제2의 성품이며 선으로 기울기도 하고 악으로 기울기도 한다.

기도하는 습관은 좋은 습관이다. 기도의 습관은 빨리 그리고 강하게 형성돼야 한다. 그러나 단지 습관적으로 하는 기도는 기도의 삶을 파괴하며 또한 기도를 허위적인 형식으로 전락시킨다. 습관은 기도의 강둑을 형성하기도 하지만 양둑 사이에는 강하고 깊고 순결한 물결이 있어야 하고 투명하고 생명을 주는 물이 있어야 한다. 한나는 기도하고 또 기도했지만 결국은 "주 앞에 그 마음을 토한 것이었다." 생명수가 둑에 차서 넘쳐흐르면 우리의 기도의 습관이 두드러지거나 지배적인 힘을 나타낼 수 없다.

성령 안에서 기도하라

하나님이 주신 기도의 본은 바로 하나님의 아들이다. 하나님이 주신 기도의 조력자는 성령이다. 성령은 우리를 소생시켜 기도하게 하고 기도할 때 도와주신다. 받아들여지는 기도는 성령의 임재와 영감에 의해서 시작되며 진행되어야 한다.

성경에는 "성령 안에서 기도하라"는 말씀이 있다. 우리는 "모든 기도와 간구로 하되 무시로 성령 안에서 기도하라"는 명령을 받고 있다. "이와 같이 성령도 우리 연약함을 도우시나니 우리가 마땅히 빌 바를 알지 못하나 오직 성령이 말할 수 없는 탄식으로 우리를 위하여 친히 간구하시느니라 마음을 감찰하시는 이가 성령의 생각을 아시나니 이는 성령이 하나님의 뜻대로 성도를 위하여 간구하심이니라"는 말씀은 우리에게 격려를 준다.

기도에 있어서 우리는 너무나 무지하고, 다른 기도의 교사들 모두가 기도에 관한 교훈을 우리에게 이해시키고 우리 마음에 심어 주기에는 너무 무력하다. 그래서 성령이 무오하며 모든 것을 아시는 교사로 오셔서 우리에게 이 신령한 기술을 가르치신다.

"마음을 다하고 힘을 다하고 이성과 의지를 동원하여 기도하는 것, 이것이 지상에서 이루어지는 그리스도인들의 싸움의 가장 큰 업적이다." 이것이 성령이 우리에게 가르치고 행할 수 있는 능력을 제공하는 것이다.

기도의 보다 귀한 교훈을 위하여

성령의 도움 없이는 아무도 예수를 그리스도라고 말할 수 없는 것처럼, 하나님의 영의 도움 없이는 아무도 기도할 수 없다. 지금은 죽음으로 봉해진 어머니의 입술이, 우리에게 기도에 관한 아주 귀한 교훈들을 가르쳤고 또 그 기도들이 마치 금실처럼 마음을 묶어 놓았지만, 어머니의 사랑이라는 자연적인 통로에서 나오는 그런 기도는 인류의 전쟁과 폭풍우 몰아치는 인생에는 도움을 줄 수 없다. 이러한 어머니의 교훈들은 기도의 초보에 불과하다. 기도의 보다 높고 귀한 교훈들을 위하여 우리는 성령을 모셔야만 한다. 성령만이 우리에게 기도 생활과 그 책임과 실천의 신비를 드러내 보이신다.

성령으로 기도하기 위하여 우리는 그 분을 언제나 모셔야 한다. 성령은 세상의 교사들처럼 가르친 후에 철수하지 않는다. 머물러 계시면서 자신이 가르친 교훈을 우리가 실천하도록 도와주신다. 우리는 성령이 가르친 교훈과 계율을 도움으로 기도하지 않고 성령의 도움으로 기도한다. 성령은 교사이자 교훈이다. 성령이 늘 우리와 함께 계시면서 영감을 주며 조명하며 설명하며 도와주기 때문이다. 우리는 성령이 우리에게 계시하신 진리의 도움으로 기도하는 것이 아니라 성령의 실제적인 임재에 의한 도움으로 기도한다.

성령은 우리 마음에 소원을 두시며 그 소원이 성령의 불꽃으로 불붙게 하신다. 우리는 단지 성령의 말할 수 없는 탄식에 우리의 마음과 음성과 입술을 드릴 뿐이다. 우리의 기도는 성령에 의하여 시작되며 그의 중보에 의해서 힘을 얻으며 거룩하게 된다. 성령이 우리를 위하여 우리를 통해 우리 안에서 기도하신다. 우리는 성령의 도움으로, 성령을 통해 성령 안에서 기도한다. 성령은 우리 안에 기도를 주시고 우리는 마음과 언어를 준다.

성령이 우리의 기도를 도우실 때 우리는 하나님의 뜻에 따라 항상 기도한다. 성령은 오직 "하나님의 뜻대로" 우리를 통해 기도하신다. 만일 우리의 기도가 하나님의 뜻대로 하는 것이 아니면 그것들은 성령의 임재 속에서 시들게 된다. 성령은 그러한 기도에는 도움을 주지 않고 빛도 비추지 않는다. 성령이 도우시지 않으며 빛을 비추지 않는 기도들은 하나님의 뜻대로 하는 기도가 아니며 성령이 내주하시는 사람들의 마음 속에서 곧 시들게 된다.

우리는 유다가 말한 대로 "성령 안에서 기도해야" 한다. 또한 바울이 말한 대로 "모든 기도와 간구로 하되 무시로 성령 안에서 기도해야" 한다. "이와 같이 성령도 우리 연약함을 도우시나니 우리가 마땅히 빌 바를 알지 못하나 오직 성령이 말할 수 없는 탄식으로 우리를 위하여 친히 간구하시느니라"는 말씀을 결코 잊어서는 안 된다. 무엇보다도 우리의 모든 기도 가운데는 그리스도의 이름이 있어야 한다. 거기에는 보혈의 능력과 중보의 힘과 보좌에 오르신 그리스도의 충만함이 들어 있다. "내 이름으로 무엇이든지 내게 구하면 내가 시행하리라."

13

성령은 대언자요 조력자다

보혜사 성령이 누구의 것이냐는 질문을 받는다면 우리의 것이라고 대답할 수 있다. 그가 누구의 대언자인가라는 질문을 받을 때 그 대답은 쉽지 않다. 성령은 그리스도의 대언자이지 우리 대언자가 아니다. 성령은 그리스도를 대신하며, 그리스도의 대의를 간구하며, 그리스도의 이름을 옹호하며, 그리스도의 나라를 다스린다. _사무엘 채드윅

하나님의 풍성한 배려

인간에게 두 신령한 보혜사인, 대언자와 조력자가 있다는 사실은 복음 안에서 하나님이 예비하신 풍요함에 대한 선언이며 하나님의 구원 역사를 유효하게 하고 궁극적 승리로 이끌도록 수행해 나가려는 하나님의 확정된 목적을 선언하는 것이다. 하늘 나라로 가는 인간의 순례와 싸움에서 인간은 다양한 연약함과 결핍을 지니고 있다. 이들 두 그리스도는 풍부한 지혜로 그 필요를 채워 줄 수가 있다.

구원의 계획을 수행함에 있어서 두 중보자를 주신 하나님의 풍요로

운 예비하심은 무한정적인 성격을 가진 그리고 크고 작은 모든 일들을 포함하는 기도의 약속에서 그 나머지 한 짝을 찾는다. "무엇이든지 기도하고 구하는 것은 받은 줄로 믿으라 그리하면 너희에게 그대로 되리라." 우리는 그리스도 안에서, 성령 안에서, 그리고 기도 안에서 모든 것을 가진다.

이들 두 그리스도 안에서 우리에게 주어진 하나님의 계획과 목적이 얼마나 풍성한가! 한 분 그리스도는 하늘에 오르사 보좌에 앉으셔서 우리의 유익을 위하여 중보하시고, 또 다른 한 분 그리스도는 지상에서 그를 대표하는 분이요 대리자로 우리 안에서 역사하시며 우리를 위하여 중보하신다.

첫 번째 그리스도는 인간이셨다. 다른 그리스도도 인격이시지만 첫 번째 그리스도가 필연적으로 그랬던 것처럼 인간적 제약을 받으시지도 않고 육체를 입으시지도 않는다. 첫 번째 그리스도는 일시적이며 지역적이지만, 다른 그리스도는 지역에 제약받지 않으시며 일시적이지도 않고 영구적이다. 그리고 감각적이며 물질적이며 육체적인 것을 다루지 않고 친히 신비한 영적 영역으로 들어가서 그 황폐하고 어두워진 영역을 에덴의 아름다움보다 더 빛나게 하며 변화시킨다. 첫 번째 그리스도는 자신의 대리자들을 남겨 놓아 그들이 더 높은 차원의 영적 영역으로 들어가게 했다. 인간 그리스도는 철수하였고 영이신 그리스도께서 하나님의 더 심오한 신비로 이끌고 훈련시키며, 모든 역사적인 것과 물리적인 것들을 순수한 영적인 것으로 변화시키게 했다. 첫 번째 그리스도께서는 우리가 지향해야 할 본보기를 남기셨다. 다른 그리스도께서는 이 완전하며 지워지지 않는 영상을 우리 마음에 비추신다. 첫 번째 그리스도는 다윗처럼 성전의 재료를 모으고 마련하였다. 다른 그리스도께서는 이 재료들을 가지고 하나님의 영광스러운 성전을 이룩하신다.

기도의 가능성

그러므로 기도의 가능성은 이들 두 신령한 중보자의 가능성이다. 성령이 말할 수 없는 탄식으로 우리를 위해 간구하시며, 우리의 기도가 하나님의 뜻에 부합하도록 도우셔서 우리가 성령의 감동을 따라서 마땅히 구하여야 할 것을 마땅한 방법으로 기도하면, 그 결과에 어떤 제한이 있을 수 있겠는가! 우리가 하나님의 모든 충만으로 충만하고 또 "하나님의 온전하시고 기뻐하신 뜻에" 서 있을 때 기도의 가능성은 측량할 길이 없다.

모세의 중보 기도는 이스라엘의 그 놀라운 역사와 운명 전체에 걸쳐 이스라엘의 존속과 안정을 그토록 놀랍게 보존했다. 그렇다면 모세보다 훨씬 더 위대한 우리의 중보자를 통해서 우리가 무엇을 얻지 못하겠는가! 하나님이 가지고 계신 것은 모두 기도를 통해 그리스도께 열려 있다. 그리고 그리스도께서 가지신 것은 모두 기도를 통해 우리에게 열려 있다.

만일 우리가 땅과 하늘에 있는 선과 능력과 순결과 영광의 모든 영역을 감당하는 두 그리스도를 모시고 있다면-그리고 우리가 이 세상에서 우리와 함께 계신 더 좋은 그리스도를 모시고 있다면-제자들이 알고 있었던 것처럼 그리스도를 육체대로 알려고 애쓸 필요가 어디 있겠는가? 이 두 전능하신 중보자들의 강력한 역사가 있는데도 하늘의 열매를 맺지 못하고, 그리스도의 모든 원리에 있어서 그토록 나약하며, 그리스도의 생명을 제대로 나타내지 못하며, 그리스도의 형상을 그토록 손상시킬 이유가 어디 있는가? 그것은 성령을 향한 기도가 너무 미약하고 적기 때문이 아닐까? 하늘의 그리스도는 우리가 현재 지상에 계시는 그리스도 즉 성령을 충만히 받을 때에만 온전한 아름다움과 능력으로 우리에게 임하실 수 있다.

항상 성령 안에서 기도함으로

항상 기도의 삶을 살며 항상 기도의 영으로 숨쉬고 항상 실제로 기도하며 항상 성령 안에서 기도함으로, 하늘의 그리스도는 육체로 계실 때 제자들에게 그랬던 것보다 더 분명한 모습으로, 더 깊은 사랑으로, 더 친숙하게 우리에게 다가 온다.

　우리는 하늘에서 그리스도를 보고 알 때처럼 그리스도를 충분히 알 수 없다는 사실을 위장하거나 축소하려고 하지 않는다. 그러나 우리에 의해서 시행되는 우리의 지상 사역에 있어서 그리고 무엇보다도 우리 안에서 시행되는 일에 있어서, 우리는 그리스도께서 실제로, 육체적으로 함께 계실 때 가능했던 것보다 성령의 사역에 의하여 그리스도와 아버지를 더 잘 알 수 있으며 또한 더 잘 이용할 수 있다. 성령이 충만하며 사랑하고 순종하는 사람들에게 성부와 성자께서는 "저에게 와서 거처를 저와 함께 하실" 것이다. 내주하시는 성령이 충만하게 될 때에 "그날에는 내가 아버지 안에 너희가 내 안에 내가 너희 안에 있는 것을 너희가 알리라"는 말씀이 이루어진다. 놀라운 일치와 조화가 다른 그리스도의 전능하신 능력에 의해서 이룩된다.

　천사장의 노래에는 성령께서 사람으로 하여금 감응을 일으키게 하는 곡조가 있다. 또한 하나님의 마음에는 성령 충만한 마음이 큰 소리로 "아멘" 하고 기쁨으로 "할렐루야" 하며 응답할 자극이 있다. 하지만 이보다 더한 것은, 다른 그리스도이신 성령에 의해 "우리는 지식에 넘치는 그리스도의 사랑을 안다." 이보다 더한 것은 우리는 성령으로 "하나님의 모든 충만으로 충만해진다." 더 나아가서 하나님은 우리 가운데서 역사하시는 성령의 능력대로 우리의 구하는 것이나 생각하는 것에 더 넘치게 하실 수 있다.

다른 그리스도의 임재와 능력은 첫 번째 그리스도를 잃은 제자들의 상태를 보상하고 남는다. 예수님의 떠나가심은 그들의 마음을 이상하게 슬프게 하였다. 마치 부모를 잃은 고아처럼 외로움과 황량함이 제자들의 마음을 휩쓸었고 그들을 어리둥절하고 멍하게 하였으나, 예수님은 해산하는 여자가 고통을 당하다가 어린아이가 세상에 태어나면 모든 것을 잊고 기뻐하는 것처럼 성령이 오시면 그렇게 될 것이라고 말씀하시면서 그들을 위로하셨다.

14

기도가 성령 시대의 문을 열었다

나일강보다 더 복된 큰 강물, 아마존강의 거대한 물줄기보다 더 깊고, 더 넓고, 더 충만한 물줄기. 이는 하나님이 필요로 하는 것이요, 세상이 필요로 하는 것이요, 그리고 교회가 필요로 하는 것이다! 그렇지만 우리는 아주 가냘픈 냇물 같다! 우리가 필요로 하는 것, 시대가 필요로 하는 것, 교회가 필요로 하는 것은 하나님의 강한 능력을 기억하는 것이다! 원수들과 적들을 잠잠케 하며, 하나님의 원수들의 말문을 막으며, 연약한 성도들에게 힘을 주며, 강한 자에게 승리의 환희를 안겨 주는 그 능력 말이다! _E. M. 바운즈

전혀 기도에 힘쓰니라

기도가 성령의 시대의 문을 열었다. 사도행전 1:13-14을 보라.

"들어가 저희 유하는 다락에 올라가니 베드로, 요한, 야고보, 안드레와 빌립, 도마와 바돌로매, 마태와 및 알패오의 아들 야고보, 셀롯인 시몬, 야고보의 아들 유다가 다 거기 있어 여자들과 예수의 모친 마리아와 예수의 아우들로 더불어 마음을 같이하여 전혀 기도에 힘쓰니라."

이것은 예수님께서 승천하신 후 제자들이 취했던 태도였다. 그 기도회는 성령의 시대를 열었다. 그 시대는 선지자들이 환상을 보며 고대

하였던 시대였다. 복음이 강력하게 유지된 그 세대는 현저하게 기도에 의해 좌우되었다.

사도들은 기도의 가치를 잘 알고 "자신들이 계속적으로 기도하는 것과 말씀 전하는 일에 집중"하는 데 방해가 되는 일은 피하려고 하였다. 그들은 기도를 첫 자리에 놓았다. 말씀은 기도에 의해서 "달음질하여 영광스럽게" 된다. 기도하는 제자들이 설교자가 된다. 기도는 말씀을 무게 있게 하며 날카롭게 만든다. 기도 가운데 구상이 되고 기도에 푹 잠긴 설교는 무게 있는 설교이다. 설교가 사상으로 깊이가 있고, 천재성으로 빛나고 즐겁고 재미 있고 인기 있을 수 있지만, 기도에 의해서 잉태되지 않고 또 생명을 가지지 않는다면, 하나님의 쓰심에 있어서는 하찮고 지루하고 생명이 없는 것이 된다.

추수의 주님은 기도에 응답하여 추수할 일꾼들을 보내 주시되 충분하게 그리고 다양하게 보내신다. 예언자적 안목이 없다 해도, 만일 교회가 기도의 능력을 충분히 발휘했었다면 복음의 빛이 이미 오래 전에 세상을 석권하였을 것이라고 선언할 수 있다.

하나님의 복음이 성공적으로 전파되기 위하여는 다른 무엇보다도 기도가 필요하다. 기도하는 교회는 다른 모든 면에서 가난하다고 해도 강한 교회이다. 기도하지 않는 교회는 다른 면에 있어서 부유하다 해도 약한 교회이다. 기도하는 마음만이 하나님의 나라를 건설한다.

기도하는 손만이 주님의 머리에 면류관을 씌워드린다.

성령은 인간의 몸을 입으신 그리스도를 대신하고 대리하도록 하나님의 임명을 받았다. 우리에게는 더욱 그렇다. 그러니 우리는 얼마나 그에 의해 충만해지며, 그 안에서 살며, 그 안에서 행하며, 그에 의해 인도받아야 할까! 우리는 그 거룩한 불길의 밝은 광채를 더욱 빛내며 보존해야 한다! 그 순결한 불꽃을 소멸시키지 않도록 얼마나 조심해야 할까! 그의 예민하고 사랑스러운 성품을 슬프게 하지 않도록 우리는 심히 경계하며 부드러우며 사랑스러워야 한다. 우리는 그 거룩한 속삭임을 거부하지 않으며, 그의 음성에 귀 기울이며, 항상 그 거룩한 뜻을 실행하도록 주의하고 온유하고 순종해야 한다. 많은 기도 지속적인 기도 없이 어찌 이 모든 일이 이루어질 수 있을까!

누가복음 18장의 과부의 경우는 끈질긴 기도는 무력하고 소망 없고 절망적인 상태를 극복한 좋은 예이다. 우리는 이런 보화를 보존하고 발전시켜야 한다. 그러나 우리를 도우시고 즐겁게 할 거룩한 분이 계신다. 우리는 열심 있는 기도를 통하여 우리의 의무를 잘 감당할 수 있다.

황금 사슬

성령이 역사할 수 있게 하는 유일한 방법은 기도다. 기도는 성령을 즐겁게 속박하여 우리 안에서 즐거운 일을 하시게 하는 황금 사슬이다.

모든 것은 이 두 번째 그리스도를 우리가 소유하고 있는가 하는 것과 그가 자기의 능력을 온전히 소유하고 있는가 하는 데에 달려 있다. 제자들에게 있어서 오순절은 기도에 의해서 일어났다. 그들에게 있어서 오순절은 자신들을 끊임없는 기도에 바침으로써 계속되었다. 끈질기고 지칠 줄 모르는 기도가 우리의 오순절을 위해 치러야 할 값이다. 기도와 기도의 영 가운데 머무르는 일, 그것이 우리를 오순절의 능력과 순결함 가운데 머물게 하는 유일하게 확실한 방법이다.

성령이 우리 안에서 그리고 우리를 위해서 다양하게 역사하셔서 우리에게 기도의 필요성을 가르쳐야 한다. 그뿐 아니라 우리의 기도에 대한 성령의 조건은 상호의존이라는 태도 즉 작용과 반작용이라는 태도를 전제로 한다. 우리가 더 많이 기도할수록 그는 우리가 더 많이 기도하도록 도와주며 자신을 더 많이 우리에게 주신다. 우리는 성령이 우리에게 오실 것을 위하여 기도하고 강청하고 기다려야 한다. 뿐만 아니라 그를 충만히 받은 후에는 더 충만히 더 많이 주실 것을 위하여 기도해야 한다.

우리는 계속하여 성령의 능력이 극대화되도록 기도해야 한다. 바울은 성령 세례를 받은 에베소 교회가 "그 영광의 풍성을 따라 그의 성령으로 말미암아 너희 속 사람이 능력으로 강건하게 되기를" 기도하였다. 또 그는 "믿음으로 말미암아 그리스도께서 너희 마음에 계시게 하옵시기를" 기도하였으며, 그들이 "너희가 사랑 가운데서 뿌리가 박히고 터가 굳어져서 능히 모든 성도와 함께 지식에 넘치는 그리스도의 사랑을 알아 그 넓이와 길이와 높이와 깊이가 어떠함을 깨달아 하나님의 모든 충만하신 것으로 너희에게 충만하게 하시기를 구하노라"고 기도했다.

그리스도인들을 위한 그 놀라운 기도에서 바울은 전심으로 하나님께 기도하였으며, 기도를 통한 성령의 역사와 임재에 의해 영혼을 위한 하나님의 구원 계획의 무한한 목적과 유익을 측량하며 그 무한한 깊이를 재려고 애썼다. 오직 끈질긴 무적의 기도만이 성령을 우리에게 임하게 하시며, 말할 수 없이 은혜로운 결과를 얻게 할 수 있다. "그리스도 예수의 종인 너희에게서 온 에바브라가 너희에게 문안하니 저가 항상 너희를 위하여 애써 기도하여 너희로 하나님의 모든 뜻 가운데서 완전하고 확신 있게 서기를 구하나니."

생수의 강

하나님의 말씀은 그의 성도들에게 능력 있고 의식적으로 실현되는 신앙을 제공한다. 하나님께서는 성도들의 행복하고 빛나는 영 속에 내주하시며, 성도들의 천상적인 삶이 하나님 자신의 멜로디에 화음을 이루게 한다.

그리하여 다음 말씀이 진리임이 입증된다. "나를 믿는 자는 그 배에서 생수의 강이 흘러 나리라." 이것은 우리 안에 성령이 내주하시고 넘쳐흘러, 생명을 주며, 열매를 맺게 하며, 저항할 수 없으며, 그리고 끊임없이 흘러 넘치는 하나님의 강물이 있을 것이라는 약속이다.

나일강보다 더 복된 큰 강물, 아마존강의 거대한 물줄기보다 더 깊고, 더 넓고, 더 충만한 물줄기. 이는 하나님이 필요로 하는 것이요, 세상이 필요로 하는 것이요, 그리고 교회가 필요로 하는 것이다! 그렇지만 우리는 아주 가냘픈 냇물 같다!

교회가 성령의 충만함을 받고 흘러 넘쳐서 어느 곳에서든 성령의 권능을 기억하게 하면 얼마나 좋을꼬! 그러면 사람의 마음을 사로잡고 눈을 고정시킬 것이다. 우리가 필요로 하는 것, 시대가 필요로 하는 것, 교회가 필요로 하는 것은 하나님의 강한 능력을 기억하는 것이다! 원수들과 적들을 잠잠케 하며, 하나님의 원수들의 말문을 막으며, 연약한 성도들에게 힘을 주며, 강한 자에게 승리의 환희를 안겨 주는 그 능력말이다! 이 중대한 질문에 대한 하나님의 약속들을 좀 더 살펴보면 금방 그 약속들이 실제와 경험에 투시되어야 할 필요가 있음을 알 수 있다. "사람이 하나님의 뜻을 행하려 하면 그 교훈이 하나님께로서 왔는지 내가 스스로 말함인지 알리라."

의식적인 신앙, 개인적이고 생명력이 있으며 갈할 수 없는 기쁨이 있고 영광으로 가득 차 있는 그런 신앙을 우리는 얼마나 필요로 하는가! 의식적인 신앙의 필요성은 우리가 하나님의 자녀임을 증거하시는 성령에 의해 확인된다. "나는 안다"라는 신앙만이 능력 있고 생명력 있고 다른 사람에게 감동을 주는 신앙이다. "한 가지 아는 것은 내가 소경으로 있다가 지금 보는 그것이니이다." 오늘날과 같이 방종하는 세대에서는 위에 언급된 약속들을 내적 양심에서 입증할 수 있는 사람들을 필요로 한다. 그렇지만 희미하고 무형적인 종교생활을 하면서 "그럴 것이다." "아마도." "그렇게 믿는다."라고 말하는 사람들이 교회에 얼마나 많은가! 그들은 모두 애매하고 손에 잡히지 않으면 불안정한 가운데 있다.

오늘날의 교회는 첫째로 그리스도인들이 하늘로부터 잉태된 복음 안에서 주어진 귀한 특권을 알고 추구하며 얻을 필요가 있다. 그것은 성령의 임재에 의해서 잉태된 분명하고 행복한 신앙 체험으로, 죄사함에 대한 확신을 주며 하나님의 가족으로 입양되었다는 확신을 주는 것이다. 둘째로 죄 사함을 주는 하나님의 은총을 의식적으로 깨닫는 것에 이어 성령을 충만히 받을 필요가 있다. 그것은 믿음으로 마음을 정결케 하고, 사랑 안에서 온전케 하는 것이요, 세상을 이기게 하는 것이요, 내적인 죄와 외적 모든 죄를 이길 수 있는 능력을 부여받는 것이요, 교회 내에서 진실로 예배를 드릴 수 있게 하는 것이요, 세상에서 담대하게 증거하는 것이다.

오늘날 교회 안에서는 불가지론이 무섭게 파급되어 있다. 교회 신도들 가운데서 너무나 많은 사람이 영적 불가지론적 입장을 취하고 있으며 그것이 당연한 미덕이라고 생각하고 있음을 우리는 두려워한다. 하나님의 말씀은 모호한 신앙과 희미한 체험을 격려하지 않는다. 하나님의 말씀은 단호하게 우리를 지식의 영역으로 이끌어들인다. 그것은 신앙에 "내가 안다"라는 관을 씌운다. 그것은 우리가 죄와 의심과 내적 오류의 어둠을 벗어나 놀라운 빛으로 들어가게 하여 하나님과 우리의 인격적 관계를 분명히 보게 하며 온전히 알게 한다.

"희미한 감각으로 알 수 없는 일들이,
이성의 희미한 빛으로 볼 수 없는 일들이,
하늘에서 비롯되어 보여짐으로,
의심의 여지가 없이 분명하게 되리라."

본 주제에 대한 고찰을 끝내면서 두 가지를 결론적으로 말하겠다. 첫째, 지금까지 설명한 것처럼 성경적인 신앙은 각 영혼을 개인적으로 다루시는 성령의 사역을 통하여 직접적으로 오는 것이며 둘째, 영적인 삶과 신앙 체험과 관련된 사역을 하시는 성령은 간절하고 확고하며 능력 있는 기도로 받을 수 있는 것이다.

기도의 진실
The Reality of Prayer

브라더 로렌스
Brother Lawrence 1611-1691

300여 년 전 인물이지만 생전에는 물론이고 이후로도 오랫동안 하나님과 동행하는 삶의 증거로서, 영적인 조언자로서 발자취를 남기고 있는 브라더 로렌스는 그의 이름에서도 알 수 있듯이 평범한 '평수사' brother였다.

로렌스가 태어난 로렌 지방 에리메닐 마을

브라더 로렌스의 본명은 니콜라스 에르망 Nicholas Herman이다. 그는 1611년 프랑스령 로렌 지방의 빈한하나 신심 깊은 가정에서 태어났다. 남아 있는 기록들로 미루어 보건대 18세 무렵 하나님의 위대하심과 현존하심을 깨닫고 그 충격적이고도 갑작스러운 경험에 깊이 사로잡혔던 것 같다. 이때 회심하였지만, 비천한 신분에서 벗어날 길이 없던 그는 군인으로서 세월을 보내야 했다. 약탈과 잔혹 행위가 비일비재하던 30년 전쟁에 참여한 것도 그 즈음이었다. 그는 결국 독일군의 포로가 되었고 가까스로 풀려났으나 다시 랑베르비예르 농성전에서 부상을 입는 불행을 당하고서야 고향으로 돌아갈 수 있었다. 이 부상으로 그는 평생 다리를 절게 된다.

로렌스는 청년기의 방황을 참회하며 잠시 수도 생활을 하기도 했지만 견디지 못하고 한동안 마차 문을 열고 닫거나 식탁 시중을 드는 하인 일을 하였다.

30년 전쟁(1618-1648)

그가 속세에서 벗어나 파리에 있는 카르멜 수도회에 평수사로 들어간 해는 55세가 되던 1666년이었다. 갈색의 거친 수도사복과 함께 받은 것이 바로 '로렌스'라는 수도명이었다. 이 이름에는 '부활의'라는 뜻이 들어 있었고, 이는 훗날 그가 '부활의 로렌스'라는 이름으로 칭송되는 이유가 되기도 한다.

카르멜 수도회 수도사

로렌스는 이후로 죽는 그 순간까지 이름 없이 빛도 없이 살아가는 맨발의 수도사로서 살았다. 수도회에 있는 동안 그는 누구보다도 낮은 자리에 자신을 두었다. 오랜 세월, 취사장에서 요리하며 보내는 삶에 만족하였다. 또한 부상의 후유증으로 다리가 불편함에도 신발 수선의 일을 맡아 수도회 형제들을 위해 2백 켤레가 넘는 샌들을 만들고 기웠다. 그의 위대한 점은 그런 지극히 평범한 일상 가운데서 하나님의 임재하심을 느끼고 헌신적으로 섬기는 일에서 궁극의 행복을 찾았다는 것이다. 그는 아무리 하찮은 일이라 해도 수많은 군중 앞에서 말씀을 전하는 것처럼 중차대하게 여기고 기꺼운 마음으로 감당하였다.

꼭 큰 일을 해야 할 필요는 없습니다. 나는 프라이팬의 작은 계란 하나라도 하나님을 사랑하는 마음으로 뒤집습니다. 더 할 일이 없으면 바닥에 엎드려 하나님을 경배합니다. 그러고 나면 어느 왕도 부럽지 않은 만족감을 느낍니다. 내가 이렇게 살 수 있는 것은 하나님이 주시는 은혜 때문입니다. 나는 방바닥에서 티끌 하나를 주워 올리는 것만으로도 족합니다.

프랑스 생드니에 있는 카르멜회 수도원

기도의 진실
The Reality of Prayer

십자가의 요한

아빌라의 테레사

스페인 아빌라에 있는 테레사 수녀원

외견상으로는 보잘것없는 신발 수선공 평수사였지만 그의 하나님의 임재 체험과 그로 비롯되는 평온하면서도 견고한 믿음과 능력은 시간이 흘러 갈수록 사람들에게 영향을 끼쳤다. 그에게 어떻게 하면 날마다 그리스도를 체험할 수 있는지 묻는 이들이 늘어갔고, 심지어는 교회 지도자들까지도 조언과 도움을 청하려고 그와 교제하기를 원하게 되었다. 카르멜회 수사로서는 당연한 일이기도 하지만 카르멜회 개혁의 선구자인 아빌라의 테레사Teresa of Avila와 십자가의 요한John of the Cross으로부터 영향을 받지 않을 수 없었던 그는, 그와 연계해서 당대의 영성가인 페늘롱 대주교François Fenélon와 깊은 교류를 나누기도 했다.

브라더 로렌스는 1691년, 향년 80세로 눈을 감기까지 희생과 사랑과 섬김이 주는 평안과 안락함을 누렸다. 그는 자극적이고 신비한 것보다는 꾸준하고 평범한 것에서 아름다움을 찾는 것이 더 귀한 삶임을 몸소 보여 주었다. 또한 그렇게 소박하면서도 충만한 삶을 영위

대주교, 프랑수아 페늘롱

하는 데에는 하나님과의 소통로인 기도가 얼마나 중요한 것인가를 가르쳐 주었다. 그는 해야 할 일의 양에 상관없이 정해진 기도 시간을 지켰다. 자신의 시간 모두를 하나님의 임재하심의 체험을 통해 풍요로운 것으로 만들 수 있었던 그의 진정한 의미의 '부활의 삶'의 비밀은 바로 '기도'에 있었던 것이다.

그가 남긴 몇 통의 편지들과 회고집은 그가 세상을 떠난 직후에 수집되어 출판된 이래 수많은 반향을 일으켜 왔고 몇 백 년이 흐른 지금까지도 '단순한 삶의 위대함'으로 사람들을 감동시키고 있다. 거기에 남아 있는 기도에 관한 말들은 여전히 생생하게 살아 있는 진리로 우리의 마음에 파고 들어온다.

현대의 카르멜회 수도사들

모든 일을 아주 단순한 자세로 하나님을 향해 해야 합니다. 솔직하게 있는 그대로 하나님께 아뢰면서 모든 일에 하나님의 도우심을 구해야 하는 것입니다. 내가 종종 경험하는 바이지만, 그럴 때 하나님이 도우심을 주지 않으시는 일은 결코 없습니다. ……나의 기도는 하나님의 임재를 느끼는 것 외에 아무것도 아닙니다. 기도 시간 동안 나의 감각은 하나님의 사랑 외에는 그 어느 것에 대해서도 무감각해집니다. 정해진 기도 시간이 지났을 때에도 나는 전혀 차이를 느끼지 않습니다. 계속해서 하나님과 함께 있으면서 모든 힘을 다해 하나님을 찬양하며 송축하기 때문에 나의 삶은 계속적으로 기쁨 가운데 있게 됩니다.

아일랜드 더블린에 있는 카르멜회 계통의 대학

사명선언문

너희가 흠이 없고 순전하여……세상에서 그들 가운데 빛들로
나타내며 생명의 말씀을 밝혀 _ 빌 2:15-16

1. 생명을 담겠습니다
만드는 책에 주님 주신 생명을 담겠습니다.
그 책으로 복음을 선포하겠습니다.

2. 말씀을 밝히겠습니다
생명의 근본은 말씀입니다.
말씀을 밝혀 성도와 교회의 성장을 돕겠습니다.

3. 빛이 되겠습니다
시대와 영혼의 어두움을 밝혀 주님 앞으로 이끄는
빛이 되는 책을 만들겠습니다.

4. 순전히 행하겠습니다
책을 만들고 전하는 일과 경영하는 일에 부끄러움이 없는
정직함으로 행하겠습니다.

5. 끝까지 전파하겠습니다
모든 사람에게, 땅 끝까지, 주님 오시는 그날까지
복음을 전하는 사명을 다하겠습니다.

서점 안내

광화문점 서울시 종로구 새문안로 69 구세군회관 1층
02)737-2288 / 02)737-4623(F)

강남점 서울시 서초구 신반포로 177 반포쇼핑타운 3동 2층
02)595-1211 / 02)595-3549(F)

구로점 서울시 동작구 시흥대로 602, 3층 302호
02)858-8744 / 02)838-0653(F)

노원점 서울시 노원구 동일로 1366 삼봉빌딩 지하 1층
02)938-7979 / 02)3391-6169(F)

일산점 경기도 고양시 일산서구 중앙로 1391 레이크타운 지하 1층
031)916-8787 / 031)916-8788(F)

의정부점 경기도 의정부시 청사로47번길 12 성산타워 3층
031)845-0600 / 031)852-6930(F)

인터넷서점 www.lifebook.co.kr